Philippe Coffre, Sylvie Bouigue

Du courage !

Et si on osait.........

250 mesures pour sauver la France

Les Français prennent la parole...........

Ils s'adressent aux présidentiables de droite, du centre, de gauche......

Le livre à lire, par tous, avant de voter à la Présidentielles 2017

"Le progrès c'est de faire dans les moments difficiles des choix courageux".

François Hollande devant le
congrès du SPD
10 Mai 2013

«Il faut bien comprendre que les mesures que j'ai présentées, si je les avais défendues il y a trois ans, cela aurait fait scandale.
Aujourd'hui, les Français ont compris. Les esprits sont mûrs.»

Nicolas Sarkozy,
1 er Octobre 2015
Chez Arthus Bertrand
Palaiseau

Contact Philippe Coffre, Sylvie Bouigue, sur
pcdevinci@gmail.com

Crédit photo 1 ère de couverture : fonds Amazon
Crédit photo 4 ème de couverture :
jiyoung.ryu@louisvuitton.com

Avant propos

Comme tant d'autres nous pourrions parler de révolution, de révolte, de contestation mais nous sommes tout simplement abasourdis par le manque de courage politique ou l'extrême « lucidité »…. de nos dirigeants qui multiplient impôts et nouvelles taxes, comme le seul salut, en situation économique plutôt instable. L'imagination dans ce domaine ne semble plus avoir de limite. Il en découle une dépréciation des biens de l'Etat et du citoyen, du capital de l'Etat, du fonctionnement de l'Etat et de nos moyens personnels. Parallèlement, nous observons une augmentation des dépenses de l'Etat à nos propres frais.

De quels principes républicains parlons-nous ?

L'esprit Républicain, sous tendu par les principes de liberté, égalité, fraternité mériterait parfois quelques progrès.
Une liberté sanctionnée par les mesures d'état d'urgence
Une égalité pénalisée par l'impôt, par une éducation différente selon les quartiers, les catégories socioprofessionnelles des parents, l'accès à internet, des situations variables entre villes et monde rural.
Une fraternité visible comme l'une des qualités partagée par la plupart de nos concitoyens.

Pourtant, les émigrés qui quittent la Syrie et tout le moyen Orient ou l'Afrique se détournent de notre pays. Pourquoi ? Sommes-nous économiquement si peu engageants ? Notre image souffre-t'elle des résistances à l'intégration des émigrés eux-mêmes ?

L'intégration, oui, pour les étrangers qui veulent entrer dans notre modèle et progresser dans notre système. Non, pour ceux qui ne respectent pas notre modèle en imposant leur mode de vie (repas hallal exigés à la cantine, séparation des sexes à la piscine, pas de médecins hommes lors de consultations gynécologiques).

La lecture des journaux, des chaînes de radios, des chaînes de télévision nous permettent de filtrer une information tellement rapide que nous faisons un effort pour suivre les évènements en continu. Notre vie politique, économique française, européenne, mondiale se constitue autour d'évènements toujours renouvelés. Des crises. Des colères. Des déchirements. Des jalousies. Des couacs. Des (éventuelles) bonnes nouvelles. Des entrées. Des sorties.

De vraies pièces de théâtre, avec de nouveaux épisodes tous les jours. Au mieux, un vrai cinéma en 3 D, ou les acteurs ont l'inconvénient de nous coûter plus cher que la simple place de cinéma, théâtre ou d'Opéra (fût-il de Bastille).

L'argent de qui pour quoi ?

Un trou abyssal, partout, à la Sécurité Sociale, dans les comptes des hôpitaux, l'Etat en quasi cessation de paiement, des communes endettées, des communautés urbaines qui ne savent plus comment trouver de l'argent, des départements rongés par des emprunts toxiques, les dépenses sans limites de certains maires ou de certains Conseils Généraux ou de certains Conseils Régionaux qui se sont crus des Empereurs et ont fait construire des palais à leur démesure et surtout à la démesure de leurs pauvres administrés. Ils en sortent exsangues pour des décennies (Montpellier ou Carcassonne). Ce spectacle nous fait réagir, non en professionnels que nous sommes (dans l'enseignement supérieur privé et dans le courtage d'assurance à la tête de quelques SARL) mais, comme citoyens de notre pays.

Citoyens choqués par l'inconsistance de responsables disposant de pouvoirs de représentation, oeuvrant légitimement dans les palais de la République, mais parfois, pas assez soucieux de l'intérêt général et **surtout des dépenses engagées**. Et c'est ainsi depuis quelques années.

L'économie ou le social ?

Pour nous, l'économie domine et on peut, ensuite, faire appel au social. C'est notre différence avec un syndicat modéré comme la

CFDT qui met le social avant l'économie. Notre position consiste à dire « on ne peut dépenser l'argent qu'on n'a pas, pour faire du social ». Réflexion faite, nous trouvons que nos amis syndicalistes ont bien de la chance de pouvoir faire passer le social avant l'économique. Ce n'est pas comme cela que tourne le monde. Dans le monde réel, celui appliqué dans le monde entier, comme dans l'entreprise privée, on ne peut construire un projet que sur une base économique. Nous aussi ! On voudrait bien que tout le monde soit heureux ! Mais on a naturellement besoin d'argent. Et si on place le social avant l'économique, on fait comment ?

La culture ou l'économie ?

Une autre aventure dans l'Education Nationale nous a conduit à échanger avec les Professeurs car nous avions le plaisir de faire rencontrer des entreprises pour les élèves de Première et Terminales au Lycée. Ce qui prépare nos enfants à savoir ce qui les attend dans la vie professionnelle. Nous avons été très étonnés car les Professeurs nous ont rappelé qu'ils privilégiaient la culture sur l'économique. C'est bien, mais on est dans le doux rêve d'un manque absolu de pragmatisme et de préparation de nos enfants. C'est ainsi qu'on finit par se retrouver avec des chômeurs qui n'ont pas compris qu'il fallait aller …. au charbon…

Nous citoyens, sommes lassés de payer et repayer sans les résultats en face. Cela suffit !
Dans une entreprise privée, quand on obtient les résultats que l'on constate en 2016 et 2017, on vous invite à un entretien avec la DRH puis la procédure vous mène tout droit au licenciement. En d'autres termes, vous êtes licenciés et la place de quelques uns de nos Ministres (pas tous) est à Pôle Emploi.

La pression ou les intentions ?

Notre problématique était posée de manière intéressante par Christian Saint Etienne : tant que vous ne poussez pas les hommes politiques à agir par un moyen ou un autre, ils n'ont pas vocation à déplacer des montagnes. Si vous êtes un groupe de pression très fort ou qui représente une population ciblée et nombreuse, ils feront le nécessaire. Par contre, essayer d'encourager votre politicien national avec des courriers gentils, ou un programme, n'obtient comme réponse, qu'une lettre gentille signée de la douce main de l'homme politique, reconnaissant toutes les qualités de vos propositions, dont on n'entend plus parler.

Il fallait donc réagir et cet ouvrage vient dire aux femmes et hommes politiques ce que nombre de français ont sur le cœur et les propositions qui vont avec. En considérant notre propos, vous accréditez notre projet et lui donnez vie. Nos responsables pourront enfin considérer ce que nous voulons leur faire entendre.

La Révolution ou le courage politique ?

Olivier Duhamel et Natacha Polony (avec François Clémenceau), le Samedi 5 Mars 2016, entre 10 et 11 heures, dans l'émission de Michel Field, Médiapolis, notaient que Marine Le Pen voulait « faire la peau » de Phil Hogan, Commissaire Européen à l'Agriculture. Sans lui donner raison, parce qu'on ne peut tuer autrui, ils observaient que le pouvoir avait manqué de courage politique. En effet, selon Olivier et Natacha, la France baisse les bras devant l'Europe en ne s'opposant pas aux mesures qui auraient dû être prises depuis longtemps.

Exemple :

- L'étiquetage de la viande, que le Ministre Le Foll vient de décider, aurait dû être prise depuis le début par le Ministre. Nous n'aurions pas rencontré les problèmes d'aujourd'hui. Il vient de décider qu'il le fera, malgré la Commission Européenne.

- Ne plus financer les agriculteurs français. La France a accepté cette situation sans discuter. Globalement, nous dirions que ce manque de courage tient à la peur d'affronter des crises type Mai 68 ou CPE, depuis le départ.

La France (plus gros contributeur agricole Européen) aurait dû être présente dans les commissions Agricoles Européennes, plutôt que de se faire dicter les lois par des Commissaires de pays moins impliqués. Pas de Commissaires Français à Bruxelles pour défendre l'une des agricultures les plus puissantes d'Europe = une Agriculture Française en difficulté.

Le courage politique ne manque-t'il pas au Gouvernement qui revoit à la baisse le projet El Khomri alors que toute l'Europe attendait qu'il se passe, enfin, quelque chose d'important en France. Encore une occasion manquée pour sauver la France.

Moderne ou ancien ?

Sarkozy ou Hollande, vous les avez déjà vus travailler devant un écran, un jour ? Ils ne sont plus de la génération qui monte, qui gronde, qui pousse l'incroyable tsunami numérique et digital. Nous ne pourrons qu'élire un Président jeune car c'est notre seule chance de nous raccorder au nouveau monde. Sinon nous perdrons encore 5 ans et cela finira par faire beaucoup de temps perdu. Nous avons des jeunes cerveaux brillantissimes, impliqués dans le nouveau monde digital. Propulsons-les devant afin qu'ils nous fassent prendre, au plus vite, le virage numérique. A méditer.

Du courage pour résumer quelques idées globales.

Nous recherchons tous des nouveaux projets pour construire un programme au plan national. Voici un résumé de quelques idées.

Vous noterez l'innovation fiscale aboutissant à une simplification extrême et une transparence bénéfique, l'attente énorme de chefs d'entreprises désespérés, mais prêts à investir, si un changement radical se produit, la réduction totale des normes françaises au profit des normes Européennes moins contraignantes, libérant l'ensemble des PME, la réduction du nombre de représentants, dans tous les domaines, débouchant sur une société plus démocratique et moins légaliste, l'offre de subventions en échange de leur transparence (pas de subvention sans transparence), l'invitation formelle d'appartenance syndicale de tous les français en âge de travailler, correspondant à une transparence des moyens de ces mêmes syndicats, le droit à l'insertion des jeunes « des quartiers », reconnus pour leurs potentiels, par un parrainage d'étudiants en Master I ou II, le RSA contre un travail minimum pour la collectivité, droit à l'insertion qui pourra s'appliquer à des Tâches d'Intérêt Général (TIG) pour la commune, la région, l'Etat.

Il va de soi que la question des 35 heures, de l'ISF, du SMIC, des suites du 11 janvier et du 13 Novembre, de l'Aéroport de Bruxelles, des "quartiers" (pas seulement les jeunes), du code du travail, du chômage, de l'informatisation, des ségrégations sont aussi abordés.

Changer plus vite pour (re)-décoller plus vite. Nous avons déjà perdu trop de temps en querelles picrocholines et en débats sur des sujets de société qui, certes, le méritaient (comme le mariage pour tous), mais auraient pu être envisagés dans une deuxième partie du quinquennat, après avoir soumis la France au traitement économique d'urgence, requis par la situation en 2012 !

Le temps est définitivement à l'action et à la décision (pour les synthèses, c'est vraiment un peu tard...).

Les auteurs

Sylvie Barjot-Bouigue est courtier d'assurances des sociétés SGB, Colin Assurances, CIRPP, gérante de la SARL SBCA, Le Moulin de Dannemarie, Présidente de la Société Coopérative des Courtiers d'Assurance, Administrateur de la Chambre Syndicale des Courtiers d'Assurance, membre du Conseil de Perfectionnement et Scientifique de l'Ecole Supérieure d'Assurance (ESA). Présidente d'une Société Civile Immobilière. Participe à la Diagonale des Fous à la Réunion (65 km de course), au Royal Raid de l'île Maurice. Chevalière dans l'Ordre National de la Légion d'Honneur par Madame Christine Lagarde, Ministre de l'Economie de l'Industrie et de l'Emploi.

Sylvie est la petite fille de René Barjot, Magistrat et Jacques Benoist agriculteur et Sénateur Radical-Socialiste d'Eure et Loir . Elle est la nièce de Alain Barjot, Directeur Général de la Sécurité Sociale, Conseiller d'Etat, et fille de Guy (Agriculteur et Maire de Bazainville dans les Yvelines) et de Polette (avicultrice). Elle est aussi la sœur de Christian Barjot, Conseiller Régional d'Ile de France. Sylvie est la mère de Alexandra, Cécilia, Hippolyte.

Philippe Coffre est Professeur au Pôle Universitaire Léonard de Vinci (dans l'équipe des co fondateurs), à l'IESEG, a enseigné à l'Essec et HEC Executive. Expérience professionnelle chez Procter & Gamble, laboratoires Merck, Sharp & Dohme-Chibret, groupe Air Liquide et création de AZ Promotion devenue CPM France, la division Diversified Agency Services (DAS) du groupe Omnicom, pour les actions commerciales « on the field » dans le monde.

Docteur de l'Universite Paris IX-Dauphine, Docteur de l'Université Grenoble II, laboratoire du Cerag CNRS, MBA Kellogg

Graduate School of Management (Northwestern University, Chicago), Marathonien, Chevalier dans l'Ordre National de la Légion d'Honneur sur proposition de Monsieur Jean-Pierre Raffarin, Premier Ministre.

Philippe est le petit-fils de Pierre Mazé, Député du Finistère, Secrétaire d'Etat aux travaux publics, secrétaire Général du Parti Radical Socialiste de 1937 à 1947 et de Paul Coffre, promoteur immobilier. Il est le fils de Jean-Paul Coffre, Inspecteur Général du Tourisme, Conseiller Régional de Bourgogne, Conseiller Général de l'Yonne (le plus jeune élu de France) Maire de Saint Julien du Sault et de Yvonne Coffre, née Mazé, décoratrice. OPhilippe est le père de Patrick-Fry et de Charles-Oliver

Ensemble, Sylvie et Philippe ont rencontré sur leur route du renouveau et de l'action les chefs d'entreprise, les intellectuels de ce pays, les salariés, les chômeurs, et tous veulent prendre leur part dans une réaction, salutaire quelque soit leur parti, leur orientation, leur catégorie socio-professionnelle. Il est grand temps d'agir pour tous.

Ouvrages (ou recherches) déjà publiés

Articles Journaux de recherche FNEGE CNRS

Coffre Philippe (à paraître en 2017), "Impact of stressful situations on salespersons gestures", Journal of Business to Business Marketing, article accepté pour publication, (New York, USA)

Articles journaux de recherche

Coffre Philippe (2012), "An investigation of the influence of gender on salespersons gestures and behaviors in France ", Journal of International Marketing and Exporting, 17 (1), 2012, ISSN: 1324-5864. (Perth, Australie)

Ouvrages

Coffre Philippe (1988), « *Auditoria em Marketing* » Editions Rès Editoria, Lisboa (Portugal), 1988, 255 pages.

Coffre Philippe (1986), « *Audit Vente et Marketing* ». Préface de M. Dominique Xardel, Dunod Edition, Paris, 1985, 210 pages (meilleure vente technique in 1986).

Coffre Philippe (1981), « *Action et Gestion Commerciale* ». Préface de M. Bernard Dubois and M. Philip Kotler. Nathan Editions, Paris, 1981, 220 pages.

Coffre Philippe (1973), « *Le Troisème âge : un marché neuf*», Préface Pierre Gaxotte (Académie Française), Paridoc Edition, Paris, 1973, 60 pages. Lauréat National de la Fondation « J » Titre reçu du Président du Senat, Alain Poher   (Troisième prix).

Ortmans Thierry, Coffre Philippe, Baillot Vincent, Kauffmann Hervé, Siohan Christian Redon Benoît, Cluzeau Catherine, Severac Jacques, Sourdais Jean-François, Legrand Olivier (1972): Co-auteurs et Fondateurs de « l'Annuaire des Anciens (Etudiants) de *Dauphine* », (Association des Maîtres et Licenciés en Gestion), AML Edition, Paris.

Voilà « ce que je veux pour la France »...

Depuis le Général de Gaulle, l'ensemble des Présidents a gouverné la France avec l'intention, à juste titre, de poursuivre le mandat suivant, afin d'imprimer sa marque propre, sur les 5 ans du mandat + les 5 ans espérés pour la suite, soit une dizaine d'années. Ce qui, somme toute, permet (d'espérer) d'imprimer, pour chaque Président, son empreinte dans l'Histoire.

En revanche, les intentions exprimées pour les élections ont parfois privilégié l'élu, pendant que les électeurs voyaient passer leurs Présidents (comme leurs politiques), les uns après les autres, avec, par exemple, les mêmes questions d'endettement non résolues, les décisions sur les accès handicapés repoussées (créant des injustices pour ces derniers), les déficits majeurs et le recours à l'emprunt depuis trop d'années, sans limite. Alors que tous les Français se serrent la ceinture, la France continue tranquillement à s'endetter sans vergogne. Quel ménage oserait se comporter de cette façon. Nos dirigeants raisonnent franchement pour leur réélection. Pas suffisamment pour le pays et pour nous.

Quant aux moyens mis en œuvre, ce n'est pas en **gelant le point d'indice** de la fonction publique ou, en freinant la "hausse naturelle" de la dépense publique, qu'on va rétablir les comptes. Il s'agit, ni plus, ni moins, de réduire les dépenses de l'Etat, de ne plus remplacer tous les fonctionnaires partant à la retraite car la crise est trop grave pour le privé, comme pour les fonctionnaires eux-mêmes. En se dirigeant allègrement à la catastrophe, à la fracture contre l'iceberg, les musiciens du Gouvernement (beaucoup moins courageux que ceux du Titanic) nous racontent de belles histoires pour nous endormir.

En conséquence de quoi, nous demandons aux futurs candidats de répondre, d'abord à la problématique de leurs électeurs. Les électeurs ne veulent plus de gadgets. Ils veulent des décisions concrètes mais surtout, Mesdames et Messieurs les politiques, courageuses.

Décisions, qui laisseront de vous, une trace dans l'Histoire comme la marque d'un Chef d'Etat qui a su remettre à flot notre pays à l'exemple de Gerhard Schröder en Allemagne, considéré comme le sauveur de ce pays.

Quel candidat voudra intimement sauver notre pays ?
Quel candidat aura le sens de l'Histoire ?
Quel candidat saura dire (sans mentir à ses électeurs, comme nous l'avons vu en France ou en Grèce, récemment):

« Voilà ce que je veux pour la France aujourd'hui et demain et je m'engage à respecter ce projet ».

Du courage pour les générations futures et pour un avenir numérique

Sur le numérique

Le quinquennat pourrait s'ouvrir sur un projet fédérateur, pour nous tous, lié par exemple aux innovations numériques (Bellanger 2015), et compréhensible par une part de plus en plus importante de la population, de plus en plus à l'aise avec l'informatique, au fil de la meilleure implication des seniors et de l'émergence des nouvelles générations, nées avec l'informatique.

L'idée consisterait à transformer l'ensemble des secteurs de l'économie, agriculture, électricité, bâtiments, santé, grâce à l'informatique, la domotique, l'internet, le digital et aux réseaux fondés sur les innovations scientifiques, techniques et numériques comme le font nos amis allemands.
Ce qui consisterait à relancer l'immobilier résidentiel, accentuer l'effort sur les services aux seniors en zones périurbaines et rurales, les technologies vertes, les nanotechnologies, l'éducation, l'énergie, les transports via les nouvelles technologies et le "big data". En effet, chaque jour plus productif, internet et ses réseaux, les supercalculateurs comme, par exemple celui de Bull Sequana de Atos deviennent les grands concentrateurs de valeurs au travers de « résogiciels » (alliance de services informatiques, associés à des systèmes d'exploitation, captant cette valeur dans une logique implacable de puissance).

Sur les normes

De la même manière, un deuxième grand projet consisterait à adopter exclusivement les normes européennes, ce qui allègerait l'économie française noyée sous des normes toujours plus complexes par des fonctionnaires qui « sur-norment » notre économie. Ces normes françaises ahurissantes, ce n'est pas, comme chacun de nous, le croit traditionnellement, "la faute à l'Europe" mais bien aux français avides de toujours plus de complexités dans les normes ("cherchent-ils a se protéger ?")

D'autres projets peuvent donner lieu à des priorités:

☐ Bousculer les systèmes d'imposition pour plus de justice.

☐ Réduire le nombre de représentants et de fonctionnaires par référendum.

☐ Aligner les régimes des fonctionnaires sur le privé et réciproquement.

☐ Redonner aux syndicats réformistes **un vrai pouvoir** en obligeant tous les français
à adhérer au syndicat de leur choix.

Sur le nouveau paysage

Trois entités doivent être valorisées :
Les entreprises. Considérer l'entreprise comme Trésor National, pourvoyeuse de richesses et d'emploi.
Les syndicats. Traiter les syndicats comme Grands Interlocuteurs Privilégiés, car soutenu par toute la nation, en échange de la transparence des comptes et la participation obligatoire à un syndicat de son choix pour chaque Français.
La Cour des Comptes. Valoriser sur le plan médiatique les interventions la Cour des Comptes, un interlocuteur essentiel pour contrôler notre économie, afin de s'assurer publiquement de l'équilibre de nos comptes.

Sur le travail

☐ Définir un droit à l'insertion sociale pour les jeunes en difficulté.

☐ Réduire le code du travail comme l'ont fait les suisses avec un code du travail de 40 pages.

☐ Définir un contrat de travail universel.

19

☐ Solder les indemnités de chômage trop longues.

☐ Tirer les conclusions du 11 janvier et du 13 Novembre pour modifier notre approche.

Sur le changement

Mais, surtout, **conduire la gestion de notre pays vers une capacité réelle au changement en faisant de la pédagogie (oui à la pédagogie), en préparant les citoyens aux évolutions futures** par des plans d'investissements, par la stimulation d'une demande intérieure, par une incitation à l'exportation vers les marchés émergents et plus seulement avec le grand allié, l'Allemagne.
C'est pourquoi, il s'agit de **parler aux Français** et plus aux seuls médias…..
Les Français sont adultes. Ils sont lassés du langage convenu qu'en d'autres termes nous pouvons qualifier trivialement, de « baratin ».

Sur la robotisation et le digital

Objectif: profiter de notre savoir faire économique mondial dans le numérique et développer de nouvelles applications dans tous les domaines. La France deviendrait le pays le plus informatisé et robotisé au monde. Robotisation qui ne réduit pas l'emploi, mais l'accroît dans de nouveaux domaines. Avec le numérique, la France allégerait ses normes, libérerait un élan bridé par trop de contraintes et inviterait à une meilleure participation tous les acteurs de la vie économique. Voilà de grands projets auxquels nous pourrons tous pourront participer.

Chapitre 1 La France et les Institutions

1.1. Du courage pour une France qui mérite mieux que ses états d'âmes

1.2. Du courage pour un pays disposant de ressources exceptionnelles

1.3. Du courage pour changer la matrice et définir quelques exemples de
       programmes présidentiels

1.4. Du courage face à l'inquiétante montée des révoltes invisibles

1.5. Du courage pour adopter les méthodes des pays qui réussissent mieux que la France

1.6. Du courage pour rétablir un peu d'égalité devant l'impôt

1.7. Du courage pour une imposition plus douce qui rapporterait plus

1.8. Du courage pour lutter contre l évasion fiscale et prendre des mesures
       qui ramèneraient nos investisseurs partis sous des cieux plus cléments.

1.9. Du courage pour revoir les politiques en matière de logement

1.10 .Du courage pour construire moins cher

1.11. Du courage pour donner LA priorité à l'accessibilité aux handicapés.

1.12. Du courage pour se débarrasser des lois embarrassantes

1.13. Du courage pour dépenser moins avec la Cour des Comptes mise en
   valeur

« Un homme bienveillant ne s'inquiète pas, un érudit n'est pas embarrassé et un homme courageux n'a pas peur » (Confucius)

1.1. Du courage pour une France qui mérite mieux que ses états d'âmes

Les difficultés que rencontre la France ne se limitent pas à la seule « crise » économique de 2008. Nous avons aussi un taux de croissance du PIB égal à zéro, un taux de chômage au dessus des 10 %, une dette publique de plus de 2000 milliards d'euros.

Ces chiffres peuvent sembler inquiétants selon Miquet Marty (2013). Ils le sont, tout autant, lorsque l'on constate que 70 % des personnes interrogées estiment que « la France et les Français sont en dépression collective ». La dépression de la France est une pathologie de psychologie collective. Elle est en cela un phénomène de société selon Miquet Marty (2013). Ce point de vue n'est heureusement pas partagé par Minc dont les propos sont recueillis par Levy (2015), il y a selon lui, le paradoxe français d'une déprime collective faite de petits bonheurs individuels: 65 millions d'optimistes individuels qui font un pessimisme collectif.

Que pouvons-nous faire ?

A la question Opinion Way pour BFM Business, dans le Figaro du 23 Octobre 2015 "Qu'est-ce qu'il vous manque actuellement pour être à 100% heureux dans votre travail ?", 28% ont répondu une augmentation de salaire et 14% davantage de considération et de reconnaissance. Pour 22% des salariés, le bien-être au travail est associé à "des relations et une ambiance au travail de bonne qualité", alors que 20% d'entre eux le lient au fait "d'aller au travail sans être stressé" et 11% à "être reconnu dans son travail, à la considération". La dépression française est celle d'un pays qui ne s'aime pas, qui doute de lui-même.

Malgré le pessimisme ambiant de la France, la capacité de résilience des Français est exceptionnelle. C'est ce qui explique le bonheur individuel cité par Minc. Encourageons et développons ces capacités à être heureux. La meilleure des actions consiste comme on l'a vu dans les enquêtes, à montrer, à chaque Français, qu'on les comprend et qu'ils comptent en tant que membres, à part entière, de notre groupe et de notre société et de leur prouver, comme nous allons le démontrer, dans ce qui suit.

La Charte des Français : on veut que notre France redevienne numéro 1

☐ Expliquer en « adulte » (qui, ou, quand, quoi, comment, combien) aux Français les orientations, les décisions politiques.

☐ Savoir leur dire qu'on est en faillite (merci au courageux Fillon d'avoir osé ce mot de lèse-majesté). Savoir fixer aux Français des objectifs, des résultats (oui des résultats), ce n'est tout de même pas compliqué, c'est ce qui se passe tous les jours dans le monde entier dans toutes les organisations. Pourquoi la France en serait exonérée ?

☐ Engager chaque Français à faire mieux, à produire plus, à mieux accueillir nos visiteurs étrangers, à mieux se conduire sur les routes, à laisser un pays propre (ce n'est pas seulement aux services de nettoiement que ce travail est réservé, mais à nous aussi), à veiller sur sa consommation électrique propre, car c'est toute notre filière électrique qui peut évoluer vers des énergies renouvelables etc...............

Tout est à faire et surtout à dire dans une charte avec les Français

---

1.2. Du courage pour voir que la France est un pays disposant de ressources exceptionnelles.

La France ne manque pas d'atouts.

Sa population jouit d'un bien-être enviable pour d'autres pays.

En 2016 les **Français** déclarent vouloir profiter des plaisirs de la vie, font attention à leur santé, font de l'exercice au moins une fois par semaine, apprécient leurs pays plein de ressources (montagne à proximité de tous les points du territoire, l'un des plus grands littoral au monde, une capitale la plus visitée au monde, les bienfaits de nos régimes alimentaires connus du monde entier, notre cuisine reconnue par l'ONU, nos systèmes de transports rapides unique au monde qui nous permettent de nous déplacer rapidement d'un point à un autre, la paix dans une Europe prospère).

Une France qui gagne en attractivité

Une France qui gagne en attractivité sur les 9 critères de l'AFII (Agence Française pour les Investissments, The Invest in France Agency)): taille et dynamisme du marché; éducation et capital humain, recherche et innovation; infrastructures, environnement administratif et réglementaire, environnement financier; coûts et fiscalité, qualité de vie et croissance verte.

Ces critères permettent d'évaluer notre position par rapport aux 14 pays de l'OCDE, dont l'Allemagne, les États-Unis et le Japon. En un an, la France est passée du 13e au 10e rang en matière de poids des cotisations sociales pour les entreprises grâce aux réformes en cours et plus particulièrement le Pacte pour la croissance, la compétitivité et l'emploi qui a permis à la France d'être plus compétitive.

Le coût horaire du travail pour l'ensemble de l'économie en France a stagné en 2013, alors que la zone euro progresse (+1,4 %), ainsi que l'Allemagne (+2,6 %), l'Autriche (+3%) ou encore les Pays-Bas (+2,8 %). Seul le Royaume-Uni recule (-3,2 %) et l'Irlande stagne. L'AFII indique que par rapport aux principaux concurrents européens, la maîtrise du coût horaire en France a été marquée dans l'industrie.

Un niveau de vie moyen élevé (mais contrasté).

Une société où les niveaux de vie moyens sont très élevés et la protection sociale développée, où les conditions de logement se sont améliorées au cours des dernières décennies et où l'accès à la consommation s'est largement diffusé.

Une structure industrielle diversifiée

La France se caractérise par une base industrielle diversifiée et la présence de grandes entreprises bien insérées dans la mondialisation. Dans le CAC 40, une majorité d'entreprises de taille mondiale. Dans les PME et les start ups, un dynamisme exceptionnel (Bla bla car, Talend, BPCE, Colony Capital, Price line group, SNI, Les Chargeurs, AIRBNB etc (voir le classement du Palmarès de l'Institut Choiseul).

Le secteur industriel français conserve un effet d'entraînement important sur le reste de l'économie et reste l'un des principaux moteurs des gains de productivité. La hausse du poids des services dans l'emploi total a accompagné une diminution des gains de productivité de l'économie française entre 1990 et 2008.

Un système bancaire solide
Les profits élevés des banques françaises peuvent leur permettre d'affronter cette crise avec le soutien de la Banque centrale européenne comme filet de sécurité» estime cependant

Un niveau d'éducation élevé bien qu'inégal

La France est l'une des destinations préférées d'un nombre considérable d'étrangers qui bénéficient de conditions d'éducation uniques au monde au niveau universitaire, en compétition avec les Usa pour attirer les étudiants.
Le monde entier se bat pour recruter nos ingénieurs, nos mathématiciens numéros 1 mondiaux, Médailles Fields, le prix Nobel de Mathématiques. Sans parler des supercalculateurs de Atos Bull devenus le numéro 1 mondial par sa puissance de calcul.

La France a du (et des) talent mais ne s'en aperçoit pas. Allez la France ! Allons défendre nos couleurs partout où nous pouvons.
Allons dire au monde que nous avons beaucoup à offrir et à partager .

1.3. Du courage pour changer la matrice et définir quelques exemples de programmes pour les Présidentielles

Une capacité de changer (vraiment) les choses.

Les allemands ont démontré, selon Baverez (2015), une incroyable capacité de changement: une demande intérieure encouragée par une augmentation des salaires de 2,6% par an, la création d'un salaire minimum à 8,50%, 10 Milliards d'investissements passés à 18 Milliards dans le cadre du plan Juncker. Par ailleurs, pour faire face à une démographie vieillissante, l'Allemagne accueille les immigrés diplômés. Baverez (2015) note aussi, en Allemagne, un énorme effort sur Internet, sur la modernisation de l'armée, mais juge absurde, cette sortie du nucléaire, au profit du charbon et un « sur investissement » dans les énergies renouvelables, préjudiciable a la compétitivité du marché et aux prix.

Des réformes à envisager

Selon de Guigne et Martin (2015) qui interviewaient Henri de Castries, ex PDG d'Axa, passé chez HSBC, les réformes à envisager seraient les suivantes: accélérer la réduction des dépenses publiques, faciliter les changements technologiques et l'investissement privé, moderniser le système éducatif et flexibiliser le marché de l'emploi, développer une nouvelle fiscalité pour entrainer le capital à investir ou à revenir. La France est riche d'atouts exceptionnels qu'il serait malheureux de perdre par manque d'esprit de changement. **Sans réformes, les pays qui ne feront pas de changements radicaux seront les laissés pour compte et finiront par faire payer, encore plus, les cadres moyens et les non imposés actuels. Les Français sont mûrs pour les grandes réformes, pas les réformettes.**

Les réformes de droite, selon Retailleau, dans un entretien avec Sophie Huet (2015): renforcer l'apprentissage, utiliser des contrats de projet sur des missions, faire confiance à la négociation dans les entreprises, remonter les seuils sociaux, mettre fin au compte pénibilité, développer la participation des salariés à la croissance des entreprises, création d'un statut d'entrepreneur de long terme afin d'exonérer les actionnaires non dirigeants de l'ISF

Intérieur et sécurité, droits de succession

Selon Estrosi (2015), s'il était Président, il installerait un grand Ministère de l'Intérieur et de la Justice, pour conduire une politique correspondant aux besoins des forces de sécurité. Il réunirait les partenaires sociaux et toutes les formations politiques, pour élaborer dans les 3 mois, un nouveau code du travail d'une centaine de pages pour favoriser la croissance et une simplification dans nos mœurs sociales. Suppression pure et simple des droits de succession familiale et d'entreprises

---

Delhommais (2015) note que l'ancien Président n'envisage pas de supprimer les 35 heures mais de les aménager, pas de remises en cause du SMIC, pas de changements sur l'âge de départ en retraite, Pour les dépenses publiques il envisage de se rapprocher de la moyenne européenne pour le poids de la dépense publique dans la richesse nationale.

Des élections perdues en 2012, et un pays en crise absolue, ne suffisent-ils pas pour lancer des mesures draconiennes ? Nous ne sommes plus dans la nuance. Il faut bousculer le pays, mais **bien avoir son accord au préalable par un programme acceptable.** Nous sommes prêts.

Comment passer la dette française de 95 à 61 %

Thierry Breton (Barré, Barroux 2016) constate que la terrible logique mathématique est enclenchée. Que fera le prochain Président de la République lorsque les taux finiront par remonter ? S'ils ne revenaient qu'au niveau d'il y a 10 ans, la charge des intérêts passerait de 45 à 100 Milliards. Pour y faire face, il faudrait doubler l'impôt sur le revenu des Français…. Breton propose des solutions qui passent par une approche européenne. Une part importante de la dette européenne provient de l'effort de défense qui a permis de construire la paix en Europe. Ces efforts profitent à tous. C'est ce domaine dans lequel les efforts peuvent être mutualisés. L'idée de Thierry Breton consiste à créer un Fonds Européen de Défense. Or la France avec 720 Milliards d'Euros dépensés depuis son entrée dans la monnaie unique est le plus gros contributeur. Si l'on retire la dette de chacun des pays qui ont financé la Défense Européenne, la dette de la France passe de 95% à 61%. Le fonds serait financé par un transfert de ressources fiscales des Etats équivalent à 2 points de TVA qui nous permettrait de garantir notre signature AAA. Quant aux dépenses publiques, Thierry Breton recommande de baisser de 2 points de TVA car nous avons largement les marges de manœuvres pour le faire.

Que pouvons nous dire pour résumer

Nous préconisons

☐ Une fiscalité juste.

☐ Un code du travail simplifié.

☐ Un meilleur contrôle de la dépense publique.

☐ Un effort sur l'apprentissage.

☐ Un allégement des droits de succession.

☐.Une négociation accentuée entre patronat et syndicat.

☐.**Une flexibilité (oui on utilise le mot à dessein) rendue obligatoire par la concurrence mondiale et européenne. Si on ne se réveille pas, nous serons envahis par le monde entier et coulerons corps et biens car nos concurrents se régalent de nous voir avec nos rigidités et font baisser leurs prix car leur coût du travail est plus bas.** Désolant que les lois El Khomri ne soient sacrifiées, car la France vient encore de manquer une occasion de se redresser aux yeux de toute l'Europe. La honte !

☐ Un effort dans le numérique et le digital. Impliquer toute la France avec des changements technologiques majeurs.

☐ Une remontée des seuils sociaux. Qu'on arrête d'ennuyer les PME.

☐ Une participation obligatoire de tous les salariés au syndicat de leur choix.

1.4. Du courage face à l'inquiétante montée des révoltes invisibles

Pour Baudriller (2015), si la crise rend l'opinion plus sensible au train de vie de l'Etat et de ses serviteurs, le climat politique semble éloigné des grandes manifestations transcendées par le désir de renverser le régime à la manière du 6 Février 34 aux cris de "à bas les voleurs». L'aggravation de la crise et l'incapacité à répondre aux grands maux économiques et sociaux attaquent la côte des responsables politiques. En effet, pour 87% des Français, soit près de 9 sur 10, ils considèrent que les responsables politiques se préoccupent peu, ou pas du tout, des Français. Baudriller (2015) perçoit une période trouble, qu'il compare avec le climat délétère, qui a précédé la Saint Barthélemy ou la fin du Second Empire, noyé dans le sang de la Commune, avec une perte de confiance dans le pouvoir politique central.

Pour D'Orcival (2015), les électeurs n'attendent rien de leurs élus, ni a gauche, ni a droite. Ils sont braqués, selon un député de la majorité. La gauche a perdu sa base sociale, ses sympathisants, et maintenant, ses intellectuels. Et, plus grave, ce sont les retraités que la gauche n'a cessé de martyriser.

Selon Polony (2015) c'est **l'impuissance qui fournit le terreau de la colère**. Impuissance et colère des salariés, des paysans, des petits patrons devant la désindustrialisation, la concurrence sauvage, la dérégulation des marchés, le renoncement de la justice face à la police, l'école confisquée par des experts du « genre », la fin des quotas sur le textile chinois le 1 er Janvier 2015

Pour Delsol (2015), chacun sait que des réformes profondes sont nécessaires, mais les gouvernants élus au suffrage universel **manquent de courage** pour les mettre en œuvre quelque soit leur origines partisanes.

Une France qui continue de glisser dangereusement

Le « laboratoire de tendances et d'études qualicollaboratives » (FreeThinking) du groupe Publicis, (Langlois, Charpentier 2015) publie «Dissonances. Quand les classes moyennes parlent de la France d'après le 11 janvier, deux ans avant 2017 », une étude qu'ils ont menée durant deux semaines pendant la campagne des départementales, auprès de 190 Français des classes moyennes âgés de 18 à 65 ans.

L'étude de Publicis pointe trois «dissonances» majeures, dont « l'intensité » a surpris ses auteurs.

La première : « Entre ce que ces Français vivent – une aggravation de la situation de précarité et une France qui continue de glisser dangereusement, d'une façon que certains jugent désormais irréversible – et le discours ambiant, autour de la reprise économique, qui serait là mais qu'ils ne ressentent pas. »

La seconde: « Entre la gravité des citoyens et le manque de sérieux des élites, avec un débat politique, sans projets, et concentré sur quelques personnalités, dans la perspective de 2017 ».

La troisième « le sentiment d'un déni de démocratie chez des Français qui considèrent que les élus ne remplissent pas le mandat pour lequel ils ont été élus et, même, qu'ils sont carrément des obstacles aux changements urgents que la situation exige ».

En clair, il faut que « ça change », que les choses évoluent, qu'il se passe quelque chose.

Que pouvons nous faire ?

□ Inviter nos élus à réduire le train de vie de l'Etat.

□ Ecouter les peuples, les retraités, les jeunes, pas seulement le dire, mais le faire.

□ Lutter pied à pied contre toutes les désindustrialisations.

□ Répondre à la concurrence sauvage.

□ En terminer définitivement avec la guerre du genre à l'Ecole.

□ Dire courageusement aux citoyens que la situation est grave.

□ Changer le personnel politique connu vers des personnes qui apportent un renouveau,
       quelque soit leur âge.

□ Démontrer techniquement que le personnel politique a tenu ses promesses (pour ceux qui le peuvent. Les autres peuvent aller s'occuper ailleurs).

1.5. Du courage pour adopter les méthodes des pays qui réussissent mieux que la France

Modèle allemand

La modération salariale en Allemagne date de 2000 avec moins de productivité que la France, selon Fontagne, dans l'article de de Filippis (2011). Donc, ce que les entreprises Allemandes gagnaient sur les salaires était mangé par un manque de productivité. Mais, à partir de 2004, les Allemands ont maintenu cette modération, alors qu'ils avaient retrouvé une productivité, égale à la France. Lorsque la crise de 2008 est arrivée, l'Allemagne a choisi de maintenir l'emploi, malgré l'effondrement de la productivité. Un coût supporté par les dispositifs d'aide et par les entreprises.

L'exportation comme modèle de succès

De Filippis (2011) pose la question du modèle allemand plus industrialiste que le français. La réponse positive de Fontagne montre que l'Allemagne cultive son industrie et ses exportations lorsque le modèle Français mise sur la demande intérieure. Si la France n'a pas une culture exportatrice, elle doit s'y mettre de bon cœur car elle tient là ses meilleures chances de renouveau et des produits Made In France, appréciés dans le monde entier. L'exportation pour tous !

Selon de Calignon (2015) l'économie a créé 57 000 emplois dans le secteur privé, entre la mi-2013 et la mi-2015. Sur la même période, l'Allemagne en a généré 482.000 et l'Espagne 651.000, si l'on en croit les calculs de Standard and Poor's, basés sur les chiffres d'Eurostat. Même l'Italie, avec un PIB en baisse entre 2012 et 2014, a créé plus d'emplois dans le secteur privé que l'Hexagone (+ 288.000). Pendant ce temps-là, tranquillement, la France a créé 233.000 emplois dans le secteur public (des postes de fonctionnaires ou des emplois aidés). C'est plus que l'Italie ou l'Espagne. Seule l'Allemagne en a créé un tout petit peu plus que l'Hexagone (9.000 postes de plus). *Bref, en France les entreprises ne se développent quasiment pas, alors que les administrations, elles, grossissent toujours plus.* Et l'emploi privé ne repart pas. Quelle conclusion en tirer ? Qui tire l'Economie : les entreprises ou l'administration ? En ne donnant pas les moyens aux entreprises, c'est le pays qui est en difficulté.

Que pouvons nous faire ?

□ Arrêter les recrutements massifs de fonctionnaires et laisser partir à la retraite avec un remplaçant sur deux ou trois selon la situation que trouvera le nouveau Président.

□ Ne plus engraisser un Etat ou des collectivités locales qui recrutent par clientélisme.

□ Faire savoir à nos élus qu'ils ne doivent plus dépenser **notre** argent à leur guise car ils nous sont redevables, pas seulement le jour de l'élection, mais durant toute la mandature. Les français vont surveiller les élus qui dépensent trop.

1.6. Du courage pour rétablir un peu de justice et d'égalité devant l'impôt

Qui reste pour payer les impôts : les plus pauvres ?

À partir de 50 000 Euro de revenus, tous les contribuables ont vu leurs impôts augmenter. Les cadres moyens supérieurs, selon Roquette (2015), ont supporté l'essentiel des hausses d'impôts et aucune baisse à espérer. Du coup, beaucoup de ces super imposés quittent le pays. Lorsque tous ceux qui paient trop d'impôts seront partis, qui paiera les impôts ? ceux qui ne les paient pas aujourd'hui. Ils seront super taxés car tous ceux qui pouvaient payer, écœurés, auront pris la poudre d'escampette. Est-ce qu'on va continuer longtemps à pourrir la vie des cadres moyens ?

Dans ces conditions, est-ce que ceux qui, aujourd'hui, ne paient pas l'impôt comprennent qu'en sacrifiant les cadres, les non imposés risquent un jour d'avoir à payer très cher la surcharge fiscale des cadres moyens.

Baisser les impôts. Vraiment ?

Le gouvernement nous indique qu'il baisse les impôts. La majorité des citoyens se réjouissent sauf probablement quelques « riches » qui nous apparaissent « un peu coincés ». En résumé le message est facile à comprendre :

- la médiatisation des baisses d'impôts (pour les plus modestes)

- la fin du ras le bol fiscal dont chacun se satisfait.

Tout serait bien dans le meilleur des mondes, si on ne nous préparait pas quelques mauvaises surprises pour les Français.

Augmenter les impôts. Sûrement !

De Kerdrel (2015) fait une démonstration en 4 points montrant cet autre point de vue.

- Pour le premier point le budget 2016 passe de 68,9 Milliards à 72,3 Milliards d'Euros soit une augmentation de 3,4 Milliards d'Euros à supporter par les contribuables qui peuvent payer.

- Deuxième point: pour présenter une copie acceptable à Bruxelles le gouvernement a programmé une diminution de 3,6 Milliards de transferts aux collectivités locales. Avec les rentrées diminuées et l'augmentation du nombre de fonctionnaires, les collectivités locales vont accroître les impôts fonciers et les taxes d'habitation qui vont un peu plus peser sur les contribuables, mais ce n'est pas la faute de l'Etat...

- Troisième point: les tranches de l'ISF étaient réévaluées en fonction de l'inflation. Elles sont désormais intangibles. Le marché de l'art augmente et le CAC 40 croit.

- Quatrième point: tout une série de taxes sont en préparation sur les margarines, les plastiques, la fonderie. Le tout représentant 20 Milliards d'Euros.

De Kerdrel (2015) nous rappelle que la France est le champion du monde des impôts avec 364 impôts. Delsol (2015) montre que de 2008 à 2014 les impôts directs sur le revenu sont passés de 124 Milliards à 144 Milliards d'Euros et les 3 taxes locales ont bondi de

36,6 à 50,9 Milliards d'Euros soit une hausse totale de 20,4 % tandis que pour la même période l'indice des prix augment ait de 7,44% (de 118,88 à 127,73) et de 6,95% (de 117,63 à 125,81). Les impôts ont augmenté presque 3 fois plus que les prix à la consommation. Vous avez dit « baisse d'impôts » ?

Conclusion : on ne peut vraiment pas leur faire confiance.

Mieux encore, selon Rioufol (2015) l'Etat encourage les citoyens à ne pas payer les impôts et à se mettre hors la loi commune. On aura vraiment tout vu !

Que pouvons nous faire

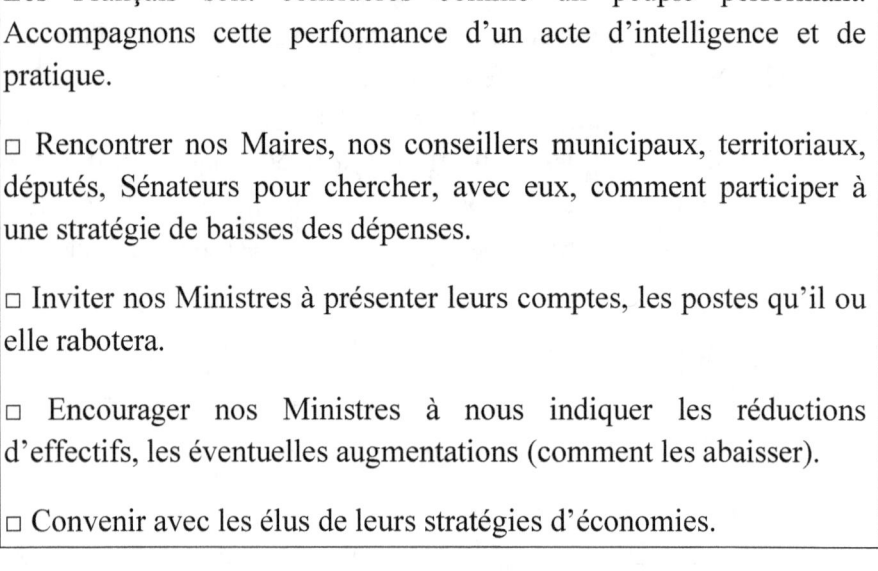

Les Français sont considérés comme un peuple performant. Accompagnons cette performance d'un acte d'intelligence et de pratique.

☐ Rencontrer nos Maires, nos conseillers municipaux, territoriaux, députés, Sénateurs pour chercher, avec eux, comment participer à une stratégie de baisses des dépenses.

☐ Inviter nos Ministres à présenter leurs comptes, les postes qu'il ou elle rabotera.

☐ Encourager nos Ministres à nous indiquer les réductions d'effectifs, les éventuelles augmentations (comment les abaisser).

☐ Convenir avec les élus de leurs stratégies d'économies.

C'est **notre** pays, **notre** Nation (nous l'entendons au sens de propriétaires de notre propre pays) et nous ne voulons pas que **nos** gestionnaires élus gâchent le fruit de **nos** efforts.

1.7. Du courage pour une imposition plus douce qui rapporterait plus

De bonnes décisions

Les projets actuels de certains candidats consistent à élargir l'assiette afin de réduire les inégalités fiscales. D'autres, comme Serge Dassault (2015), proposent des solutions sociales comme la taxation des revenus de 2% sur les salaires inférieurs à 1000€ par mois, de 5% les salaires de 1000 à 2000€ par mois et 10% pour les plus de 2000€ par mois.

Dans le cadre d'une stricte égalité, comme nous devrions l'avoir dans un pays qui prône Liberté Egalité, Fraternité, nous proposons ce qui existe déjà sur l'île Maurice: **taxation fiscale de tous à 15%** pour régler, en une seule fois, la multitude impôts (revenus, CSG, foncier, habitation, télévision) dont nous sommes submergés à payer à des dates différentes.

Regroupons tous nos impôts en une seule imposition pour tous. C'est aussi ce que propose Nicolas Lecaussin de l'Institut de Recherches Economiques et Fiscales (IREF) avec une petite différence : il applique les 15% à partir de salaires supérieurs à 1100 Euros (Lecaussin 2015).

Tous les impôts regroupés en un seul impôt.

La taxation à 15% regrouperait tous les impôts que nous payons séparément. Ce qui simplifierait la tâche et limiterait les besoins en personnel (TVA, habitation, télé, CSG, taxes foncière, disques durs, boissons gazeuses, etc ... il y a des centaines....). Ce nouveau mode de taxation se traduirait, mécaniquement, par des baisses d'impôts pour ceux qui paient déjà l'impôt et créerait de la responsabilité, pour la moitié des français exempts d'impôts, tout en maintenant le volume d'imposition actuelle, car nous sommes toujours a 4,4% du PIB.

Tous les citoyens deviendraient contribuables à partir du moment où ils ont des revenus, même modestes, ce qui favoriserait le **développement d'un esprit civique**. La France, au lieu de faire fuir les entrepreneurs et les investisseurs, les attirerait, ce qui relancerait la croissance.

Des idées qui arrivent tout droit des Français de New York

Le club Praxis think tank animé par des expatriés français à New York selon Damon (2015) propose une refonte intégrale de la fiscalité avec une triple visée pour le nouveau système : simplicité, stabilité, neutralité. Impôts sur le revenu, CSG, ISF, niches fiscales et même impôts locaux pourraient être fusionnés tandis que fusionneraient également les principales prestations sociales dans un mécanisme d'impôts négatif dont les paramètres pourraient être plus ou moins distributifs.

Une taxation à la source : débarrassons-nous de la corvée des impôts...

Nous préconisons, par ailleurs, une taxation à la source qui permettra de réduire sensiblement le nombre de contrôleurs fiscaux à Bercy, puisque ce seront les institutions, elles-mêmes, qui adresseront les revenus des individus à Bercy. Nous approuvons sur ce point la position du Gouvernement.

Que pouvons nous faire ?

◻ Déclencher plus d'égalité dans l'impôt et une meilleure appartenance de tous à la responsabilité de leur pays.

◻ Economiser le coût de (presque) tous les contrôleurs et inspecteurs au Ministère des Finances par l'imposition à la source et le barème unique pour tous. Ces fonctionnaires d'exception pourront être réaffectés à des opérations plus productives dans la formation ou le contrôle de la gestion de l'Etat avec un seul objectif : la baisse des dépenses de l'Etat.

◻ Arrêter la taxation sur le capital (qui fait fuir les investisseurs).

◻ Développer la taxation à la source en 2017, 2018 à la taxation à la source. Ce qui nous parait intéressant.

◻ Organiser une taxation uniforme de 15 % applicable à tous, qui permettrait de payer tous les impôts en même temps.

◻ Faire évoluer la taxation en fonction des besoins, cette taxation pourrait légèrement baisser ou légèrement augmenter dans des limites maximales de 1 à 2% et serait moins douloureuse pour tous.

1.8. Du courage pour lutter contre l'évasion fiscale et prendre des mesures qui ramèneraient nos investisseurs partis sous des cieux plus cléments.

ISF

Un impôt mal géré basé sur une déclaration d'évaluation de sa « fortune » qui n'incite pas à faire croître son patrimoine, qui incite à s'expatrier et qui, par conséquent, appauvrit la France.
C'est une France de pauvres que nous voulons ?

Suppression pure et simple, remplacée par une augmentation du taux de TVA de 3%.
Objectif: se mettre aux normes mondiales.
Avantage: faire repartir l'investissement, dynamiser l'économie et multiplier les opportunités.

Non a l'évasion fiscale

Fin de la fiscalité sur le capital, suppression de toutes les nouvelles niches fiscales.
Suppression des droits de succession sur les patrimoines familiaux et la transmission d'entreprises.

Un effort pour aller chercher les délinquants fiscaux

L'écart entre l'indignation verbale que suscite l'évitement fiscal et la réalité des sanctions selon Sire, Weidenfeld (2016) ne cesse de se creuser. Pour ce type de délinquance le système de répression continue à tourner à vide. A sa création en 2010, la police fiscale a été présentée comme l'instrument miracle qui allait enfin permettre aux autorités de débusquer les affaires les plus complexes. Faute de moyens et d'effectifs suffisants, elle est contrainte de limiter ses enquêtes à des prises déjà identifiées par d'autres. A Bercy on continue à supprimer des emplois par milliers. Les scandales HSBC, UBS et Panama Papers ont pour points communs d'avoir été révélés par des lanceurs d'alerte, issus de la société civile et non par des organes étatiques.Il s'agit pour nos services fiscaux de s'organiser, pour développer de meilleures rentrées, sans accroître la pression fiscale déjà insoutenable.

Que pouvons nous faire ?

☐ Suppression de l'ISF.

☐ Suppression des droits de succession.

☐ Suppression des droits de succession en cas de transmission d'entreprises.

☐ Recrutement au Ministère des Finances de bons limiers de l'évasion fiscale.

1.9. Du courage pour revoir les politiques en matière de logement

Oui a une France de propriétaires.

Vendre à bas prix les logements HLM à leurs occupants pour faciliter l'accès au statut de propriétaires.

Oui a l'économie de l'offre de logements.

Allard et Lacombe (2015) rappellent que l'Etat Français a soutenu la politique du logement en finançant 46 Millions d'Euros soit 1,9% du PIB soit 4 fois plus que la moyenne Européenne. Cette politique dispendieuse peut se comprendre pour plusieurs raisons :

- La moitié de l'augmentation des coûts de construction vient de l'inflation des normes. Le code de l'urbanisme est passé de 1584 pages à 3266 pages de 2002 à 2013 et a gagné 6000 normes techniques qui ont fait gonfler les coûts de construction d'environ 35% en 10 ans.

- L'exemple du désamiantage coûtant 15 000€ par appartement coûte chaque année 800 millions.

- Les fauteuils roulants doivent pouvoir accéder à tous les nouveaux appartements. Des chambres plus grandes, un cabinet de toilette plus grand, avec 20% de surface en plus, coûte 20% plus cher à tous.

La construction souffre d'une avalanche de normes selon Révol (2015).

- Autre dépense importante : les taxes, avec une TVA à 20%.

- Et enfin le terrain. Le «poids» du foncier dans le prix d'un logement est variable selon les emplacements, mais il peut aller de 1 à 10 ,selon Vincendon (2015)

Que pouvons nous faire ?

☐ Faciliter, comme en Allemagne, la construction en optant pour une TVA nulle, comme en Angleterre, en fixant un prix plafond dans chaque ville.

☐ Réserver un étage sur 2 ou 3 ou 4 aux handicapés.

☐ Simplifier le code de l'urbanisme et maîtriser les prix quand les communes acceptent de vendre les terrains moins chers si le promoteur s'engage sur un prix au mètre carré plafonné.

1.10. Du courage pour construire moins cher

Qu'est ce qui bloque le coût de la construction, selon Vincendon (2015)

Premier poste dans la facture finale d'un logement neuf, le coût de la construction représente à peu près la moitié de l'addition (40 à 60%). Deuxième gros poste : la commercialisation par le promoteur, soit 20 à 25% + marge de 10%.
Troisième poste: les taxes, avec une TVA à 20%.
Quatrième poste : le terrain. Le «poids» du foncier peut aller de 1 à 10 selon l'emplacement et l'attractivité.
Cinquième poste : coûts de la maîtrise d'œuvre (architecte, bureau d'études), de 3 à 10%.

Sixième poste : les frais financiers - dont l'assurance dommage - ouvrage qui naviguent de 3 à 5%.

Comment construire moins cher ?

L'industrialisation de panneaux préparés en usine, comportant à la fois le matériau et l'isolation extérieure, assemblés sur place et à bonnes performances énergétiques peut apporter une réponse. Mais les certifications sont trop longues à venir. Certifications obligatoires en termes d'assurance.

Ce que confirme Philippe Madec selon Vincendon (2015) : «La performance énergétique coûte plus cher et il n'est pas question que la qualité environnementale ne soit réservée qu'à quelques uns. Donc un effort est à faire à tous les stades.

Que pouvons nous faire

□ Baisser les taux de TVA pour tous les logements.
□ Passer de 20 à 10% (TVA) en favorisant l'investissement immobilier. Le Ministère des
   Finances disposerait ainsi d'un impôt à faible taux mais à assiette large.
□ Libérer les terrains.
□ Alléger les normes en réduisant les coûts de la construction.
□ Réajuster des prix actuellement sur évalués de 10 à 15 %.
□ Construire plus de logements pour les démunis.
□ Revoir le coût de la garantie dommage ouvrage.

1.11. Du courage pour donner LA priorité à l'accessibilité aux handicapés

Accessibilité, réglementation thermique 2020 : les normes pour les handicapés sont souvent accusées de tirer le coût du logement vers le haut. L'utilité de ces mesures se justifie en trois explications :

Expliciter les normes handicapés pour tous par Evrard (2015)

La première explication se trouve dans l'accessibilité. Elle profite aussi à la population qui perd de l'autonomie en vieillissant, autrement dit, à nous tous.

La deuxième explication se trouve sur le plan énergétique, dans la mesure où l'on ne regarde que la dépense immédiate au lieu de considérer un coût global d'usage.

La troisième explication se trouve dans les normes : elles sont là pour protéger les citoyens, il est difficile de se battre sur le fait qu'elles surenchérissent les coûts.

Nous pouvons faire une suggestion : l'accessibilité handicapée pourrait être limitée à quelques étages (un étage sur 2 ou 3 ou 4) et non à l'ensemble des bâtiments, mesure qui diminuerait sensiblement le coût de la construction. Le Parlement a définitivement ratifié l'ordonnance prévoyant de nouveaux délais pour la mise en accessibilité des lieux publics, au grand dam des associations de handicapés (Evrard 2015). Le Sénat a adopté définitivement le projet de loi, dans la version votée par les députés. La droite (Républicains et centristes), les socialistes et le RDSE (à majorité PRG) ont voté pour, tandis que les écologistes se sont abstenus et que les communistes ont voté contre.

La proportion d'établissements recevant du public accessibles aux handicapés est estimée à environ 40% (Evrard 2015). Les acteurs publics et privés qui ne se sont pas mis en conformité, avec l'obligation d'accessibilité, ont dû déposer en mairie ou en préfecture, en 2015, un «agenda d'accessibilité programmé» dans lequel ils s'engagent à réaliser les travaux dans un certain délai.

Que pouvons nous faire

□ Elaborer des actions de groupe et offrir des fauteuils roulants à nos Ministres pour leur montrer les effets de leurs politiques distantes et la peine des handicapés à se déplacer dans des villes ou des campagnes, dans des locaux publics.

□ Résister aux effets d'annonce. Il y a quelque chose de choquant à ne pas voir réglée cette question et le report aux calandres grecques de décisions qui auraient dues être prises depuis longtemps.

Voila une vraie bonne cause qui mérite que la nation s'en empare et rende obligatoire l'accessibilité à tous les établissements publics sans exception. A nous de jouer…

1.12. Du courage pour se débarrasser des lois embarrassantes….

Un rappel : Damon (2015) cite l'économiste suédois Assar Lindbeck qui assure que le contrôle des loyers est le moyen le plus efficace de détruire une ville, avec le bombardement. Ceci étant dit, de nombreux pays pratiquent la réglementation des loyers comme la Suisse, l'Allemagne, les Pays Bas, la Suède.

Ouf ! La garantie des loyers, mesure phare de la loi Alur de Cécile Duflot, est bel et bien enterrée. Le décret d'application l'instaurant devait paraître le 1er janvier.

C'est une des inepties de notre système politique. Une loi, régulièrement votée par le Parle-ment peut ne pas entrer en vigueur si le gouvernement "oublie" de publier le ou les décrets d'application... (Giraud 2016).

C'est ce qui est en train d'arriver à la loi Alur, ou plutôt à l'une de ses dispositions centrales : la garantie universelle des loyers. Elle devait entrer en vigueur le 1er janvier, mais comme le gouvernement n'a rien fait pour lui permettre de voir le jour, elle restera sans doute éternellement dans les limbes (Giraud 2016).

Que pouvons nous faire

Pour Monassier (2015), on peut imaginer quelques mesures :

□ Exonérer de droits de mutation à titre gratuit pour une première mutation les propriétaires de logement neufs.

□ Assurer une liberté contractuelle pour les baux d'habitation de logement neufs.

□ Exonérer la taxation des plus values en cas de vente d'un bien immobilier au bout de 15 ans pour l'impôt sur le revenu et 15 ans pour la CSG. 15 ans.

Immobilier : gagnez-vous vraiment de l'argent ?

Selon Monassier, un appartement qui procure une rentabilité annuelle de 4% par rapport a sa valeur vénale après le règlement de l'IR, de la CSG, de l'impôt foncier, et de l'ISF au taux marginal a un rapport négatif. A méditer …

1.13. Du courage pour dépenser moins avec la Cour des Comptes mise en valeur.

Oui aux associations de contribuables, non aux coalitions dépensières.

Une manière de dire qu'il faut encourager un esprit civique dans la classe politique, en oubliant les protections, subventions, privilèges, allocations, **au bénéfice d'un mental de résultat, au seul profit des français eux mêmes....**

Selon Garello (2015), la démocratie, loin de protéger les droits et la dignité de chaque individu, se réduit à remporter une victoire électorale, grâce à la promesse de subventions, de protections, de privilèges, d'allocations qui sont autant d'armes décisives. Ainsi, les « coalitions dépensières » sont électoralement mieux placées que les associations de contribuables. C'est ce qui explique que l'austérité soit aussi impopulaire dans une classe politique qui ne veut pas se priver de ses outils électoraux.

Et les Suisses, comment font-ils ?

Garello rappelle que les Suisses ont accepte l'austérité depuis 2003. Ces efforts ont permis à la Suisse de faire tomber sa dette publique à 35% du PIB. Rigueur qui se traduit par un taux de chômage particulièrement bas de 3% et le choix de la productivité, ainsi qu'un effort sur les salariés (salaire médian à 5000€). Le salaire médian signifie que la moitié des salariés Suisses gagne moins et l'autre moitié gagne plus. Le salaire médian se différencie du salaire moyen. Le salaire moyen est la moyenne des salaires des Suisses. En Suisse, le salaire moyen en 2010.... était de 63549 Euros soit 13,8 fois plus que le salaire moyen en Bulgarie...

Pour la Cour des Comptes, selon Schaeffer (2014), la baisse des dotations ne va pas automatiquement avec la baisse des dépenses des collectivités. La Cour entend fixer des objectifs de dépenses, par strate de collectivités, dans le rapport à remettre à l'Elysée.

En d'autres termes, l'objectif consiste à transposer aux collectivités ce qui a déjà été mis en place, dans la santé, avec l'objectif national des dépenses d'assurance-maladie (Ondam). Ce qui veut dire que ces objectifs ne sont pas prescriptifs. Les collectivités territoriales sont libres d'administrer leurs dépenses comme cela est écrit dans la Constitution, selon Schaeffer (2014).

L'idée est de sensibiliser davantage les collectivités locales aux enjeux de finances publiques.
Par contre, l'Etat, lui-même à l'origine de 25 % à 40 % des dépenses des collectivités sera, lui aussi, tenu d'assumer ses responsabilités.

Que pouvons nous faire

□ Fixer des règles et des objectifs publics aux collectivités locales, territoriales à l'Etat qui se décharge un peu trop facilement des dépenses sur les collectivités.

La Cour des Comptes apparait ici comme un acteur incontournable dans la réduction des dépenses de l'Etat.

L'importance de la Cour des Comptes, en tant qu'organisme de contrôle de l'Etat est si grande, à nos yeux, que ses interventions devraient être publiques sur les chaines de télévision aux heures de grande écoute (la Cour des Comptes en Prime Time....).

Ce sera toujours plus intéressant qu'un Président de la République qui vient faire son show tous les 6 mois en espérant se rabibocher avec des concitoyens de plus en plus suspicieux.

Chapitre 2   La gestion de l'Etat

2.1. Du courage pour mettre les élites au piquet

2.2. Du courage pour limiter le nombre de représentants de l'Etat

2.3. Du courage pour valoriser nos fonctionnaires

2.4. Du courage pour réduire le nombre de Conseillers Territoriaux

2.5. Du courage pour admettre que la France est en Commission de

      Surendettement (bravo les élites)

2.6. Du courage pour pousser la croissance

2.7. Du courage pour chasser toutes les subventions inappropriées

2.8. Du courage pour sacrifier le principe de précaution

2.9. Du courage pour libérer les énergies

2.10. Du courage pour lutter contre les normes

2.11. Du courage pour ne plus mentir

"Celui qui n'agit pas pour une juste cause lors d'une confrontation n'a pas ce qu'on appelle du courage " Lun Yu - Weizheng

2.1. Du courage pour mettre les élites au piquet

Les élites qui nous gouvernent, dirigeants économiques, politiques, haute administration, restent majoritairement conservatrices (aujourd'hui de gauche), viriles et de « bonne famille », selon Soulé (2013).

Certes, on trouve désormais un peu partout de très belles réussites et des parcours «atypiques» de femmes et de jeunes issus de la diversité. Mais le visage des gouvernants n'a pas radicalement changé.

Les élites n'ont pas choisi les meilleures armes

Pourtant, Jean Pierre Robin (2014) souligne, avec une cruauté réaliste, que la situation de la France face à l'Allemagne lui rappelle le climat entêtant d'une étrange défaite, comme en 1940, mais économique. Il explique bien que les français sont toujours en retard d'une guerre. Dans le cas présent, "les "élites politiques" françaises ont cru "faire œuvre de génie en empruntant la stabilité monétaire allemande à travers l'Euro, à l'instar de Prométhée volant le feu aux Dieux de l'Olympe".

Or le problème c'est que les dirigeants ont oublié les préceptes de Clauzewitz, selon lesquels on adapte ses armes et ses méthodes comme l'ont fait Gerhard Schröder en lançant ses réformes en 2003, ou Margaret Thatcher, en Grande Bretagne. Selon Robin (2014), par manque de réformes visibles, les français ne peuvent pas se fédérer autour de thématiques aussi peu mobilisatrices, que le pacte de responsabilité ou le crédit d'impôt compétitivité emploi.

Du coup, ce manque de réalisme invite à se poser des questions sur nos « élites ». C'est pourquoi, une commission mise en place par le gouvernement s'est attaché à vérifier que l'Ecole Polytechnique répondait bien aux normes internationales pour faire face à la mondialisation.

Il serait intéressant que ce travail soit aussi développé au sein de l'ENA, afin de s'assurer de ses réponses aux besoins et attentes de nos partenaires dans le monde. Les élèves de l'ENA devraient travailler au moins 15 ans dans le corps administratif avant de pouvoir rentrer dans le privé.

L'ENA est un bel établissement qui prépare ses étudiants aux responsabilités dans l'administration. Mais, pour autant, il n'est pas dans le rôle d'une école de former des dirigeants de l'État.

Aux personnalités propres des individus de s'imposer au sommet de l'Etat. Ce qui ne convient pas, c'est la création d'une caste, dès la sortie de l'ENA, qui se partage le pouvoir. Il est grand temps de laisser aux individus la chance de trouver leur place, *par leurs qualités personnelles.*

Que pouvons nous faire

☐ Revenir sur l'accès direct des énarques aux trois corps: l'Inspection des finances, la Cour des comptes et le Conseil d'Etat.

☐ Changer le modèle des inspecteurs des finances trop jeunes, qui mènent des inspections sans expérience, dans un service administratif. Ils ne donnent pas une bonne image, car ils manquent d'expérience.

☐ Gravir les échelons, dans des carrières plus progressives, au cours desquelles ces hauts fonctionnaires évoluent.

2.2. Du courage pour limiter le nombre de représentants de l'Etat

D'accord pour trop de ministres ?

On compte 15 ministres dans le gouvernement Merkel, 18 dans le gouvernement Monti, 7 dans le gouvernement suisse, ... et 37 dans le gouvernement Ayrault , 33 Ministres et Secrétaires d'Etat pour le Gouvernement Valls. Les 2/3 de ces ministères, qui servent surtout à distribuer des postes et des avantages aux amis politiques, pourraient être supprimés sans grand dommage.

D'accord pour le tsunami législatif ?

Diviser par quatre le nombre de députés et sénateurs. Les Etats-Unis, plus de 300 millions d'habitants, élisent 435 représentants et 100 sénateurs. La France, 60 millions d'habitants, élit 350 sénateurs et 577 députés! (Pacitto, Jourdan 2015). En appliquant le ratio américain en France, de 1,45 représentant par million d'habitants nous devrions avoir 87 députés ou représentants et pour le ratio des sénateur (1/3 par million d'habitants nous devrions avoir 20 sénateurs. On comprend, ainsi, pourquoi nous sommes submergés par les lois de toutes sortes, causées par une sur « représentation » législative? Cette situation met en péril notre démocratie. En effet, ces représentants produisent trop de lois, trop d'interventions et le nombre croissant de députés et sénateurs qui pensent agir pour le bien de leurs électeurs finit par produire trop de normes et de règles. C'est le tsunami législatif.

Or, cette production massive de lois et de normes enfonce toujours plus les individus et les entreprises, sous un déluge juridique, contraire au développement harmonieux des entreprises. Les entreprises, déjà noyées sous les normes, sont encore plus bloquées dans leur développement, leur avenir et leurs projets car elles doivent respecter ces normes et ces lois en passant tout leur temps à s'inscrire dans les règles du moment (Eliakim 2015). Du coup, elles freinent leur développement et ralentissent, voire arrêtent, le recrutement, créant ainsi le chômage endémique actuel. En somme, entre autres, trop de lois et de normes ont coulé la dynamique industrielle dans ce pays. Il appartient aux candidats à la Présidence de la République de montrer aux entreprises qu'elles sont comprises, en lançant un référendum visant à réduire substantiellement le nombre de députés et sénateurs. Ce qui ralentira le travail législatif et redonnera du souffle à notre économie. Quant aux Mairies, et aux organismes d'Etat, ou aux EPIC (Etablissement Public à Caractère Industriel et Commercial), il conviendrait que leur gestion soit la même que les sociétés classiques avec une comptabilité du type « recettes dépenses ». Ces sujets seront soumis à référendum car ce ne sont ni les sénateurs, ni les députés, qui choisiront eux-mêmes de réduire leur propre nombre….

Que pouvons nous faire

☐ Lancer une action collective visant à réclamer un référendum sur la réduction du nombre de députés et de sénateurs.

☐ Exiger que figure dans la constitution un nombre maximum de 10 ministres autour du Président.

2.3. Du courage pour valoriser nos fonctionnaires

Selon Ramspacher (2015), la ville de Suresnes rémunère ses 1300 agents selon leur implication et leur engagement au travail. Cette initiative n'a pas échappé à l'Office International du Travail de Genève venu faire un audit de sa charte de reconnaissance du parcours syndical. Ce qui est innovant, c'est le remplacement de l'ancienneté, par la performance. Un cadre en fin de carrière, qui ne donnait pas satisfaction, gagnait beaucoup plus qu'un quadra bien évalué. Les nouveaux critères d'évaluation de la ville de Suresnes sont l'assiduité, l'adaptation au changement, la prise d'initiatives et le respect des délais. Pour les cadres, les critères sont plus raffinés: conduire le changement, maintenir une attitude contrôlée et positive en toutes circonstances, mais aussi agir pour prévenir l'absentéisme.

Pour Ramspacher (2015), les agents dont le travail sera évalué « à améliorer » ou « insuffisant » par leur hiérarchie, verront leur régime indemnitaire (élément distinct du salaire qui peut aller jusqu'à 1/3 de la paie), baisser de 15 à 35% pour les cadres, de 10 à 25% pour les exécutants.

Quel pourcentage de fonctionnaire ?

La France compte 90 fonctionnaires pour 1000 habitants, l'Allemagne seulement 50 pour 1000 habitants. Cherchons l'erreur ? Pour autant, est-ce que l'administration française fonctionne mieux ?
Beaucoup des fonctionnaires français vont partir à la retraite, dans les 10 ans à venir. Nous sommes contents pour eux. C'est aussi une belle opportunité et une chance à saisir. En ne les remplaçant pas ou peu, la France se donne une chance d'augmenter sa productivité et de valoriser le mérite de chacun. Le non-remplacement de un ou deux fonctionnaires sur trois semble un bon chiffre car chaque fonctionnaire pourra compléter sa description de poste et cela favorisera ses performances et leur permettra d'accroître leurs revenus..

Que pouvons nous faire

Le mérite est une bonne méthode pour réformer la Fonction publique. Ce n'est pas être contre les fonctionnaires, mais cela permet de réfléchir à la modernisation du cadre de l'Etat.
□ Valoriser la part de mérite et d'évaluation dans la rémunération de la Fonction publique afin d'assurer une modernisation de leurs fonctions. Nous sommes d'accord avec le Ministre de l'Economie de l'Industrie et du Numérique, Emmanuel Macron, sur Europe 1 : "la performance quand on est fonctionnaire, ne se mesure pas

forcément, comme dans l'entreprise, parce qu'on est en charge de l'intérêt général". Cet avis semble partagé par de nombreux Ministres socialistes. Il est grand temps d'évaluer ces personnels au mérite. Allons-y. Mettons ce projet en application dès maintenant. Il n'est plus question d'attendre.

☐ Créer un contrat renouvelable de 5 ans permettra de limiter le statut des fonctionnaires à vie. Limiter le nombre de fonctionnaires, réduire la charge de ces personnels et augmenter leurs revenus.

2.4. Du courage pour réduire le nombre de conseillers territoriaux.

Tout le monde le reconnait, le millefeuille administratif français coûte vraiment trop cher, il faut réduire le nombre de strates administratives. Cette mesure avait été partiellement envisagée par le Président Sarkozy, qui a reculé face à la bronca des élus locaux. Comme pour les députés et sénateurs, la fusion, mais surtout la division par 3 ou 4 du nombre de représentants territoriaux devrait alléger le système législatif. Même si nous avons élu des conseillers territoriaux, dont le nombre est divisé par deux, l'élection de 2 conseillers, femme et homme, reproduit le même nombre de représentants. Une réforme en trompe l'œil (Lenglet 2014). Sujet soumis à référendum car les conseillers territoriaux ne choisiront pas eux-mêmes de réduire leur nombre.

Une décentralisation incompréhensible pour la grande majorité des citoyens. En effet, des dépenses publiques qui augmentent, un nombre croissant d'agents dans la fonction publique territoriale, sans gestion efficace des ressources humaines et financières, ne répondent pas à des critères de performances classiques dans le monde « normal ». Il conviendra, donc, de réduire un ou plusieurs échelons intermédiaires, en préservant les services publics, dans les zones péri-urbaines, terrassées par la crise économique.

Vaudano et Pouchard (2015) montrent que l'Etat n'est pas le seul à augmenter les impôts et taxes. Les collectivités territoriales ont largement activé le levier de la fiscalité pour maintenir ou augmenter leurs budgets, dans un contexte de baisse des dotations de l'Etat. Une étude, publiée en mai 2015, permet de constater l'augmentation de la taxe d'habitation et de la taxe foncière, au cours des dix dernières années, dans l'ensemble des communes de France..

Chacun pleure pour sa paroisse. Depuis l'annonce par Manuel Valls de 11 milliards de «contribution des collectivités territoriales à l'effort de redressement des comptes publics», les communiqués alarmés d'associations de collectivités se multiplient, selon Vincendon (2014). Avec la baisse des dotations de l'Etat, tous prédisent une chute brutale des investissements et un obstacle de plus à la croissance. Prévue pour s'étaler sur trois ans entre 2015 et 2017, la baisse atteindra 3,67 milliards d'euros chaque année, répartis en 2 071 milliards pour le «bloc communal» (communes et intercommunalités), 1 148 milliard pour les départements et 451 millions pour les régions. Ayant l'obligation de présenter un budget en équilibre, les collectivités dégagent une épargne sur leurs recettes de fonctionnement, afin de financer au maximum les investissements sur fonds propres, et ne recourent à l'emprunt qu'ensuite.

Que pouvons nous faire

☐ Procéder au non-remplacement de deux fonctionnaires sur trois ou le non remplacement simple pour réduire la charge de ces personnels.

☐ Réduire le nombre d'élus territoriaux par 3 ou 4.

☐ Déclencher une action collective pour réclamer un référendum sur la réduction du nombre des élus pour en diminuer les coûts.

2.5. Du courage pour admettre que la France est en commission de surendettement (bravo les élites)

Dans un ménage lorsqu'il n'y a plus d'argent, chacun fait un effort pour revenir à une situation normale. Laisser traîner la dette et continuer à emprunter, alors qu'on a une dette de plus de 2100 milliards est d'une inconstance coupable, voire condamnable. Selon Libération AFP, les prévisions de la Commission européenne voient le déficit budgétaire français atteindre 4,5% du PIB l'an prochain, puis 4,7% en 2016.

Le chômage, lui, ne baisserait pas avant 2017. Ces mauvais chiffres s'expliqueraient par une croissance moins forte que prévue : alors que la France miserait sur 1% en 2015 et 1,7% en 2016, Bruxelles s'attendrait de son côté à des hausses de 0,7% puis 1,5%. La dette publique, elle, frôlerait les 100% du PIB en 2016.

Se serrer la ceinture ?

Le pays doit avoir les capacités à « anticiper les menaces » et aménager des marges de manœuvres financières, sans creuser, encore plus, un déficit public, qui, cette année, va s'établir au-delà des 3%. Malheureusement, les efforts de la France pour contenir sa dette et réduire le déficit, restent trop lents, selon la Cour des Comptes (Sancerre, 2016).

Et il n'est pas question de profiter de la reprise, qui devrait établir une croissance à 1,5% en 2016. Trop souvent, les gouvernements se sont appuyés sur la croissance pour éviter de réduire les dépenses, ou de multiplier les dépenses pour créer un faux sentiment d'efficacité de l'action publique.

La Cour des Comptes ne manque pas de pointer du doigt les manquements des autorités en la matière, cette année encore (Sancerre, 2016). Quand Bercy table sur un petit 1% de croissance pour cette année, les experts de l'OFCE misent sur une croissance de 1,4%. Et 2016 devrait accélérer, encore plus, pour finalement atteindre 2,1%.

Cette dette publique, selon Roquette (2015) est bien passée de 2000 Milliards à 2100 Milliards, en un an, soit 30 000 Euros par Français. Tout va bien, pour l'instant, mais lorsque les taux d'intérêt remonteront, la France sera prise à la gorge (voir l'article de Barré, Barroux 2016 sur les commentaires de Thierry Breton) et devra faire les pires sacrifices avec TOUS les Français, même les plus démunis. Christophe Nidjam dans l'article de Raulin (2015) souligne que jamais dans l'histoire de la finance occidentale, les taux n'ont été si bas.

Or, plus les taux sont bas, plus le risque de perte en capital est élevé, si les taux viennent à remonter. En effet, quand un Etat emprunte sur trente ans à 0% et que le taux de marché remonte à 1%, la valeur de son titre de dette chuterait de 26%. Autrement dit, l'obligation qui valait 100 euros, n'en vaudrait plus que 74. C'est ainsi qu'on se trouve face à un soulèvement des retraités Allemands qui perdent l'argent placé en capital.

Pourquoi nos dépenses de santé nous coûtent cher : les décisions qui coûtent

Durant la décennie 1980, selon Guichard (2016) les **dépenses sociales** pesaient environ un quart de la richesse nationale. Elles dépassent les 30%, depuis 2009, et cela ne devrait pas changer en 2016. Cette augmentation est due aux dépenses de santé et de retraite qui augmentent structurellement avec le vieillissement de la population. Il faut y ajouter l'abaissement de l'âge légal à la retraite de 65 ans à 60 ans en 1981, insoutenable, financièrement, à long terme avec le vieillissement de la population.

Résultat : ces dépenses ont crû de 3,7% en moyenne annuelle durant la décennie 1980. La facture continue d'augmenter de 2,9%, par an, malgré les réformes.

Que pouvons nous faire

☐ Attaquer, par une lutte renforcée, les déficits publics, via des coupes drastiques (dans les
Dépenses) de 10% dans tous les Ministères sans exception.

☐ Ne plus vivre à crédit pour une France endettée.

☐ Revenir à un niveau normal de dépenses pour ne pas faire peser sur nos enfants, les erreurs
   des précédents gouvernements et réduire l'invraisemblable dette française.

☐ La retraite à 65 ans : on a pas le choix. Nous voyons bien que c'est le seul moyen de s'en
   sortir.

Vérifier les capacités de financement.

Les instants Volkswagen proposent un crédit sur toute la gamme Volkswagen et indiquent **qu'un crédit vous engage et doit être remboursé.** « Vérifiez vos capacités de remboursement avant de vous engager » dit le constructeur.**La France n'est pas dispensée de rembourser, et plus encore, de vérifier sa capacité de rembourser dans une économie fluctuante, avec le risque de voir** les taux remonter. Que fait la France pour être sûre de rembourser si les taux remontent ?

2.6. Du courage pour pousser la croissance

La croissance lente ou nulle, selon Artus, Virard (2015), est la perspective la plus probable pour les économies du Nord, qui doivent s'attendre à des déséquilibres financiers de longue durée, à une stagnation du pouvoir d'achat moyen et, dans les pays où le marché du travail est trop rigide et la formation insuffisante, à la persistance d'un chômage de masse. Sauf si les gouvernements se décident à agir : selon Artus et Virard, il convient de procéder à une baisse du Smic pour intégrer les travailleurs non qualifiés au marché du travail, un nouveau report de l'âge de la retraite, une baisse massive des dépenses publiques, un contrat de travail unique, une interdiction des hausses de salaires supérieures aux gains de productivité de l'entreprise. Il est intéressant de constater que si le prix du pétrole qui devait, selon eux, s'envoler, finit par s'effondrer et que la croissance qui ne devait pas repartir, s'est rétablie à des taux avoisinant les 3%, en Grande-Bretagne et aux Etats-Unis, ces défauts de prévision ne doivent pas empêcher de réformer.

Malheureusement, la baisse du prix du pétrole n'a pas profité aux ménages, car leur consommation était décevante. Selon de Calignon (2015), le taux de marge des entreprises à grimpé de 2 points à 31,1% de valeur ajoutée. Près des 2/3 de cette amélioration provenait des baisses de prix de l'énergie et de la montée en puissance du Crédit d'Impôt pour la Compétitivité et l'Emploi (CICE) et des baisses de charges. Si les gains sur les prix du pétrole avaient été redistribués aux ménages par des baisses de prix, alors la consommation et l'investissement auraient, peut-être, plus progressé.

Les investisseurs méritent leur part

Godfrid (2015) s'intéresse à la croissance car elle semble répondre à l'idée d'une sorte d'intérêt général. Qui en profitera ? Quelle en sera la répartition ? Où et pourquoi sera-t-elle investie ? Quels effets pour l'environnement et la planète, l'économie durable, la solidarité ? La part revient naturellement à celui ou celle qui a pris le risque de tout gagner ou de tout perdre ? **Est-ce que celui qui veut sa part de profit est prêt à accepter de participer à une perte. Nous pensons qu'il est grand temps de redorer le blason des investisseurs qui méritent à juste titre de bénéficier des risques qu'ils ont pris.**

Pour de Fillipis (2015), les bonnes nouvelles sont la chute du baril de pétrole dont le prix a été divisé par deux en moins d'une année, la politique innovante de la Banque centrale européenne, faisant chuter le taux d'intérêt et la valeur de la monnaie unique, contre la plupart des grandes devises. Ces bonnes nouvelles vont-elles se poursuivre ? Sur l'année 2015, la croissance de la zone euro atteignait, selon l'OFCE, 1,6% puis accélérerait pour s'établir à 2,5% en 2016. Mais à condition que le pétrole ne remonte pas, que l'euro reste stable. On aimerait connaître la suite…

Pour Obadia 2015 les questions relatives à la croissance débouchent sur des prévisions relatives à l'évolution démographique d'ici à 2050. L'impérieuse nécessité de nourrir la population implique une forte croissance de la production alimentaire mondiale (+ 60 %, dit la FAO), ainsi que de la production énergétique. Il en va de même en matière de santé, mais aussi d'éducation, de logements ou encore d'infrastructures. À l'inverse, une décroissance substantielle devrait concerner les transports de marchandises, sur des milliers de kilomètres engendrés par les logiques illusoires de délocalisation des productions et de dumping social, fiscal et environnemental. La seule perspective consiste à consommer les produits fabriqués ou élevés sur place. La démarche locavore se met en route.

Buffet, Michel Godet, Liêm Hoang Ngoc, Frédéric Boccara (2015) auraient bien voulu nous faire rêver. Car ils estimaient que la politique actuelle c'est surtout du calcul mental se résumant à plus ou moins 3 % de déficit public. « Le mot salaire étant banni, le mot coût régnant en maitre. Le travail étant malmené par la flexibilité et la compétitivité devenues cultes ». Il faut aussi être honnête. Avec les dépenses record de l'Etat, il est compréhensible (voire un peu tard) pour que l'Etat regarde de près les coûts…**Si nous ne décidons pas, un jour, de nous serrer la ceinture, Madame La Ministre, Messieurs les Doctes Professeurs et Economistes, nous finirons comme les grecs.** Il arrive un moment où il faut faire des économies qu'on soit de gauche ou de droite, dans un esprit œcuménique.

Que pouvons nous faire

Prenons l'exemple de l'île Maurice. Marc Touati (2015) considère, qu'en économie, tout se mérite et que les réussites sont le fruit du travail. Il cite l'île Maurice comme une économie libérée, une faible fiscalité, la paix sociale, des dépenses publiques à 24,5% du PIB vs 57% en France et 38% aux USA, économie pourtant libérale, une croissance (hors inflation) de 215% entre 1990 et aujourd'hui, à comparer aux 30% sur la même période en France. Il propose aux mauriciens de développer des projets futuristes dans les domaines High Tech comme les nanotechnologies ou les révolutions technologiques dans l'agro-alimentaire ou l'énergie.... Et nous Français, ne pouvons-nous pas faire aussi bien que les Mauriciens ?

2.7. Du courage pour chasser toutes les subventions inappropriées

Dire non, est-ce encore possible ?

Les subventions et « niches fiscales », accordées aux entreprises et aux particuliers, n'ont plus lieu d'être, à partir du moment où le niveau des charges sociales dépasse les objectifs et celui des impôts devient insupportable. Selon Francis Wurtz (2015), Marine Le Pen, supprimera toutes les subventions aux associations associées à une démarche migratoire.

Supprimer vraiment des subventions ?

Malgré un engagement de François Hollande pris en novembre 2014, l'Etat français n'a pas arrêté son soutien au charbon. En novembre 2014, François Hollande déclarait pourtant qu'il fallait «mettre fin aux subventions publiques aux énergies fossiles» lors de la Conférence environnementale de 2014. Une initiative saluée, avec espoir, par Doyle, Tricarico, Wawrety (2015). Car ces derniers sont directement affectés par les centrales à charbon. La combustion de cette énergie fossile, climaticide, cause des dommages irréversibles sur la santé de nos communautés et de nos travailleurs, mais aussi sur notre environnement quotidien. Les subventions se poursuivent malgré les dégâts sur la santé.....

« Je te donne une subvention et tu me soutiens ». Un déni de démocratie.

Si le bénévolat continue à progresser, malgré la crise, les subventions aux associations ne cessent, elles, d'être réduites. Et malheureusement, il n'y a rien d'autre à faire, car nous sommes dans une situation intenable. La seule solution, c'est que les entreprises ou les particuliers, financent les Associations. **Ce n'est pas à l'Etat de le faire car il y a obligatoirement un grave conflit d'intérêt.** (« Je te donne une subvention. Tu me soutiens »). Lorsque l'électeur réalise les conséquences de l'utilisation de ces subventions, il comprend qu'à tous les niveaux administratifs, commerciaux, financiers, chacun bénéficie d'aides qui favorisent un vote, plutôt qu'un autre. Un déni de démocratie.

Encourager le financement des entreprises

Les entreprises engluées dans la crise donnent moins. Du coup, c'est le club de sport, par exemple, qui voit son sponsor disparaitre. Alors, les associations misent désormais beaucoup sur la générosité des particuliers, et c'est en fin d'année, que cela se passe. 43% des dons se font à cette période, dont la moitié à Noël.

Que pouvons nous faire

☐ Refuser toute forme de subvention sans présentation d'un bilan financier. Une aide peut être versée **conditionnellemen**t avec un projet et un contrôle des résultats.

☐ Soutenir financièrement et par bénévolat toutes les associations qui nous entourent : il s'agit, là de civisme, pour nous tous.

Rendre transparentes les subventions : on ne sait plus, ou pas, à qui on verse des subventions….

Toutes les subventions doivent être connues, sur plusieurs plans et ne devraient jamais être renouvelables. Elles correspondent à un besoin ponctuel auquel il est répondu. Il faut, une bonne fois pour toutes, remettre le système des subventions à plat et qu'on arrête de distribuer partout, de manière très opaque, dans tous les domaines. C'est bien cela aussi qui tue notre pays.

Un nouveau besoin doit être exprimé pour bénéficier d'une nouvelle subvention. Pas plus de 2 subventions consécutives. Les questions à se poser :

▲ Qui demande la subvention (les noms, les fonctions, les adresses, les motivations).

▲ Qui décide de la donner (les noms, les fonctions, les adresses, les motivations).

▲ Qui est bénéficiaire, quels objectifs(les noms, les fonctions, les adresses les motivations).

▲ Quels résultats attendus (les noms, les fonctions, les adresses, les motivations de celui qui
       contrôle).

▲ En quoi les résultats attendus servent la communauté.

▲ Quel est le prix à payer.

▲ Quelles sont les postes du budget.

2.8. Du courage pour sacrifier le principe de précaution

Un principe constitutionalisé

Le principe de précaution, en France, a été constitutionnalisé par Jacques Chirac à la demande des environnementalistes. L'Etat va, parfois, un peu trop vite (dans le cas du vaccin H1N1). Parfois, il ne va pas assez vite, comme dans la pollution de l'air au particules de diesel.

Tout se passe comme si, au fond, il y avait, d'un côté, un réflexe absolument mécanique de mise en oeuvre du principe de précaution et, de l'autre, un réflexe, non moins mécanique, et non moins instantané, de protestation contre le principe de précaution, selon Duhamel   (2010).

Dans le cas de l'éruption volcanique islandaise et ses gros nuages noirs de poussières, les islandais étaient obligés de faire ce qu'ils ont fait (bloquer l'espace aérien). Alain Duhamel (2010) rappelle qu'il y a eu des précédents concernant des nuages de cendre issus d'éruption volcanique. En Extrême-Orient et en Amérique du Sud, à plusieurs reprises, des avions de transport qui avaient eu de gros problèmes ont dû atterrir en catastrophe. En plus, il y avait des conditions météo spécifiques qui produisaient une part d'indécision et d'imprévision supplémentaire. On peut toujours dire qu'on aurait pu réagir plus vite, prendre des mesures rapides, faire des tests, etc. C'est ce qu'ont dit les commandants de bord dans les compagnies aériennes.

Un frein à l'activité commerciale

L'économie française invoque constamment le principe de précaution, comme frein à l'innovation. Ce principe ne bride pas l'économie allemande. Il ne s'applique que pour des risques technologiques aux conséquences incertaines ou inconnues. La France est le pays qui en parle le plus, pour l'appliquer moins efficacement (sang contaminé, amiante, pesticides, hormones de croissance ou Mediator) (Lepage 2015).

Le principe de précaution, est un principe d'innovation dans la mesure où il décrit, par exemple, le coût des erreurs commises, des fautes de précaution, et la manière dont l'innovation et la science doivent se coordonner. Son application exige une recherche renforcée, source d'innovations, dans la mesure où les coûts susceptibles d'être engendrés par l'inaction et par le refus de chercher les conséquences négatives de nouvelles technologies sont colossaux pour les entreprises comme pour les sociétés humaines.

Que pouvons nous faire

☐ Limiter le principe de précaution à des situations extrêmes.

☐ Arrêter de l'invoquer à toutes occasions, car il freine notre développement économique. La question de l'évaluation du risque aurait l'avantage de mieux expliquer ou justifier les décisions de nos politiques.

☐ **Transformer le « principe de précaution » en « principe de responsabilité ».**

2.9. Du courage pour libérer les énergies

Selon Peillon et BIG (2015), l'Insee montre comment le niveau de vie des 10% les plus pauvres s'est mis à remonter en 2013, pour la première fois, depuis le début de la crise, tandis que celui des 10% les plus « riches » retombe à son niveau d'avant 2008. La chute est encore plus importante, depuis 2012, pour les 5% les plus aisés, alors que leur niveau de vie n'avait pas cessé d'augmenter depuis près de dix ans.

A trop imposer les classes moyennes, ce sont finalement les pauvres qui vont payer, lorsque toute la classe moyenne, se sera envolée, comme un vol d'étourneaux, dans les beaux ciels d'automne...

Mais les plus riches sont également, davantage que les autres, concernés par les hausses d'impôts intervenues au début du mandat de François Hollande. En 2013, les impôts directs ont ainsi représenté 27,9% du revenu disponible des ménages les plus aisés, en hausse de 1,9 point sur un an. Ils ont ainsi subi la création d'une nouvelle tranche à 45% de l'impôt sur le revenu, la réforme de la fiscalité du patrimoine, ou encore la baisse du plafond du quotient familial (qui sera encore fortement abaissé l'année d'après). Cet accroissement d'une très lourde fiscalité s'est traduit par les départs nombreux, qui coûtent aujourd'hui à la collectivité, et accroissent nos impôts.

Objectivement nous aimons nos riches, et même nos très riches, car ils nous permettent de payer moins d'impôts. S'ils s'en vont, c'est bien nous, qui en paierons le prix. C'est bien cet état d'esprit qui devrait prédominer de la part de tous les contribuables, qu'ils paient ou non des impôts. Donnons aux « riches » de bonnes conditions de retour (ou de rester sur place), en allégeant, partout ou c'est possible, la fiscalité, les dépenses de l'Etat et celles des collectivités, la baisse des charges dans les entreprises, et nous pourrons repartir du bon pied.

Et si on parlait des carnets de commande, le sang de notre économie ?

Et quand ces entrepreneurs ne sont pas partis à l'étranger, la majorité des entreprises sur le territoire est en difficulté. Il suffit pour cela de voir l'accroissement du nombre de faillites en France. Notre Ministre de l'Economie cherche à « faciliter la vie des entreprises » en libérant les entreprises du contrôle public. Selon Boccara et al. (2015) cette libération de l'activité, c'est de l'hyperlibéralisme : faire davantage de privatisations, plus de profits et assurer une meilleure rentabilité.

Attirons l'attention de Boccara et al. sur le fait que nous avons besoin d'un soutien aux entreprises, car nous constatons, partout, des carnets de commandes un peu justes. Qui va remplir les carnets de commandes ? Allons nous laisser notre tissu industriel s'écrouler ?

Ce texte rejoint la commission Attali, dont Emmanuel Macron était rapporteur sous le Président Sarkozy, selon Boccara (2015). La loi Macron veut « déréguler pour libérer les énergies et créer de l'emploi ». Les auteurs considèrent que c'est l'inverse : là où il y a le moins de réglementation, il y a le plus de chômage. Selon eux la dérégulation provoque le chômage. Nous ne sommes tout simplement pas d'accord ? Nous pensons, comme la majorité des pays qui réussissent dans le monde, qu'il faut libérer l'économie.

Un pays hyperlibéral, la France ! Qui peut, encore, dire cela ?

Une nouvelle fois, demandons aux chefs d'entreprise s'ils trouvent que l'environnement est hyperlibéral, s'ils ont le sentiment de vivre dans un pays offrant peu de règlementations et de normes. Les auteurs, Boccara, Filoche, Lokiec et Passet, comme les syndicats savent bien que nous sommes noyés sous les normes, les contraintes, les impôts, les contrôles, dans tous les domaines.

Le Ministre des Finances, qu'on soit de son bord ou pas, ouvre, enfin, une petite brèche, donnant une faible lueur d'espoir, aux industriels, et par voie de conséquence, à l'économie de ce pays. Pour sauver la France, il faut sauver les entreprises. **Les syndicats devraient vénérer leurs entrepreneurs, comme producteurs de richesse et d'avenir pour l'activité humaine.**

Par contre, pas de cadeau pour les chefs d'entreprise voyou.

Que pouvons nous faire

Il est grand temps de se réveiller de ces décennies règlementaires pour libérer, dans tous les domaines, les activités industrielles. La raison est simple. Le monde est en plein bouleversement et aucune profession n'est à l'abri des changements radicaux provoqués par le progrès numérique et digital. Plutôt que de rester dans la seule critique, nous **vous** proposons

☐ Accompagner, voire devancer les progrès exponentiels, à venir, afin de rester dans le « trend » du progrès.

☐ Oublier les vieilles querelles et se réveiller pour participer à l'aventure numérique. Une (r) évolution dans tous les sens du terme.

2.10. Du courage pour lutter contre les normes

Au cours du dernier classement du forum économique de Davos, la France occupait la 130 ème place sur 148 pour le poids des contraintes administratives. La France parmi les cancres mondiaux. Les conséquences: des marchés perdus, des points de compétitivité sacrifiés, des entreprises qui s'enfuient à l'étranger pour ne pas se faire laminer par le rouleau compresseur administratif (Perrotte 2016). Selon une estimation de l'OCDE, cette folie réglementaire coûterait chaque année 3 points de PIB soit 80 Milliards, soit l'équivalent de la masse salariale annuelle de tous les fonctionnaires de l'Etat (Eliakim 2015).

D'accord pour un choc de simplification

Depuis l'annonce d'un "choc de simplification", 150 mesures d'allègement ont été présentées par Monsieur Mandon Secrétaire d'Etat. Mais selon le Sénateur de l'Orne, Alain Lambert, notre pays abriterait un peu plus de 400 000 normes qui constituent un record du monde (La France dans le Guinness Book of Records pour le nombre de ses normes?). Sans parler d'un code du travail qui a gonflé de 50% en 15 ans et 63 autres « pavés », jalousement veillés par nos fonctionnaires (code du commerce, du logement, de l'environnement, des assurances, de la santé, de la SS etc), farcis de bornes, de seuils, d'obligations parfois absconses.

Exemple de nouvelles mesures selon Visot (2016) : dématérialiser l'envoi de demande d'homologation des ruptures conventionnelles, simplifier le permis de construire, faciliter les procédures de médecine du travail, mettre en place le dédouanement centralisé national pour les entreprises exportatrices, offrir un simulateur du coût et des aides à l'embauche dans les PME, supprimer l'autorisation de l'Inspection du Travail pour une PME qui souhaite mettre à disposition de ses salariés un espace repas en passant par la simplification des modalités de convocation aux AG, étendre à 5 ans la durée de validité de la carte professionnelles d'agent immobilier (aujourd'hui de 3 ans) ;

Nous pouvons, aussi, souligner la multitude de nouvelles dépenses obligatoires qui coûtent cher aux citoyens (mise en conformité des fosses sceptiques entre 5000 et 10 000 euro, les nouvelles normes thermiques, de sécurité ou d'accessibilité qui augmentent le prix des logements neufs de 25 à 45%, les nouvelles dispositions sur l'amiante qui coûtent des dizaines de milliards aux propriétaires).

Pas d'accord pour produire de nouvelles règles en permanence

Le choc de simplification produit, en même temps, de nouvelles normes, car pendant la « chasse » du Secrétaire d'Etat pour la simplification, d'autres fonctionnaires continuent d'en produire de nouvelles en permanence.

D'accord pour un ensemble de règles Européennes exclusivement,
Pas d'accord pour les « sur-normes » Françaises.

Enfin, lorsque l'Europe édite des règles légères, les fonctionnaires français en rajoutent et rendent tous les textes et règles plus lourds à appliquer. Ce n'est pas l'Europe la source des réglementations européennes difficiles, mais bien les fonctionnaires français, tentés par plus de complexification dans tous les domaines, qui sur-contraignent.

Que pouvons nous faire

☐ Engager un chantier sans concession de facilitation pour sauver notre économie sans céder aux fonctionnaires.

☐ Décider seules les normes européennes (beaucoup moins contraignantes que les usines à gaz montées par des fonctionnaires trop pointillistes) s'imposent en France à l'exception des produits agricoles et viticoles.

☐ Profiter des nouvelles simplifications pour mieux contrôler votre entreprise.

2.11. Du courage pour ne pas mentir (?)

Telle qu'elle est organisée aujourd'hui, l'entreprise pousse les salariés à tricher pour travailler mieux, remplir des objectifs ou cacher une réalité. Et ce n'est pas sans conséquence sur la santé de l'employé.

Le mensonge, qu'il se destine à la clientèle ou à la hiérarchie ou aux électeurs (suivez notre regard), peut aussi être plus général, imposé, même indirectement, par l'organisation du travail, selon Faure et Cailhol (2015).

La vérité édifiante du témoignage d'une salariée de Pôle emploi

Selon Faure et Cailhol (2015), une ancienne salariée de Pôle Emploi, aujourd'hui retraitée, parle de «mensonge institutionnel»: les annonces du gouvernement, pour accentuer le contrôle, sont habillées dans une logique « d'amélioration de l'accompagnement », avec un effet positif sur les agents, mais négatives sur les bénéficiaires.

Selon Picut (2014), Bruno, expert-comptable, a découvert qu'un de ses associés mentait régulièrement. « Il me disait, ne pas pouvoir prendre un dossier par manque de temps, alors que ce n'était pas le cas. Il a aussi "omis" de dire qu'il s'était versé une prime exceptionnelle ». A force, ces petits mensonges finissent par créer des difficultés

---

Sans Parler de Jérôme Kerviel qui s'est mis dans la situation de perdre 4,9 Milliards d'Euros ou la marchande de glaces qui fait rentrer ses congelés, avant de remplir ses fiches de reporting. Ainsi, en ne respectant en rien les consignes, au risque d'être licenciée, elle agit en faveur d'un produit, qui n'aura subi aucun risque de décongélation, tout à l'avantage de son client, mais à ses propres risques. Il en va, de même, pour le patron qui n'annonce pas de licenciements (les salariés apprennent qu'ils sont licenciés en lisant la presse), ou de tricheries (inacceptables) sur un curriculum vitae ou encore de médicaments ou de prothèses mis sur le marché aux risque des patients.

Que pouvons nous faire

☐ Sensibiliser les salariés s'impose dans une grande campagne. Nous ne pouvons pas
   accepter des mensonges, dans un monde ou tout va si vite.

☐ Prendre nos responsabilités. Par exemple, les salariés ont tendance à maquiller certains
   points de leur curriculum vitae. Il est de la « responsabilité » des entrepreneurs de réclamer
   les originaux des diplômes lorsqu'ils embauchent des salariés.

☐ Lire le double langage. Pour Pôle Emploi, nous n'avons jamais été dupes du double
   langage et de la facilité à rayer les chômeurs des listes (« ça en fait un de moins »).

☐ Agir immédiatement en privatisant Pôle Emploi et en recrutant de vrais spécialistes des
   carrières. Le double langage s'arrêtera devant la productivité et une politique de résultats
   avec objectifs de réussite de placement des chômeurs.

Chapitre 3 Le partenariat social et l'entreprise

3.1. Du courage pour réformer le droit du travail

3.2. Du courage pour mieux négocier entre patrons, héros discrets et syndicats auréolés par leur esprit positif

3.3. Du courage pour un syndicalisme reconnu par tout le pays

3.4. Du courage pour un peu de justice sociale entre public-privé

3.5. Du courage pour les retraites

3.6. Du courage pour cadrer les objectifs de retraite

3.7. Du courage pour proposer l'entreprise comme « trésor National », pourvoyeuse de richesses et d'emploi

"Ce sont eux qui sont vraiment courageux, ceux qui n'ont pas peur de faire face à une calamité soudaine et qui n'enragent pas face aux actes gratuits". Su Shi (dynastie des Song).

3.1. Du courage pour réformer le droit du travail

Comment cela se passe en Suisse ?

En Suisse, les rapports de travail, entre l'employeur et le salarié sont régis par les 49 pages du Code des Obligations (CO) et par la loi sur le travail, qui compte 32 pages. A comparer avec les 3350 pages du droit du travail français (dont 1000 nouvelles pages durant les 10 années sous l'autorité du Président Chirac). Et pour autant, est ce que la Suisse se porte mal ? La Confédération a, par ailleurs, promulgué de nombreuses dispositions détaillées dans des ordonnances (Bellan 2015). Et si on copiait-collait le Code Suisse. Ils ne sont pas plus fous que nous, ces suisses !

Tout le problème, en France, c'est que les gouvernants légifèrent. Ils devraient laisser cette tâche à des syndicats, qui, même politisés, sont plus proches de la réalité économique du terrain. Ce ne sont pas des fonctionnaires, qui peuvent régler le droit du travail, dont ils ont peu de pratique, surtout en entreprise. Allégeons ce droit du travail qui surcharge le chef d'entreprise, noyé dans un fatras législatif. Cela lui permettra de s'occuper de son métier, du commercial, de la recherche, du développement et de l'innovation.

L'Institut Montaigne, Terra Nova, la Fondation Jean Jaurès, Robert Badinter, Antoine Lyon

Caen sont unanimes : il faut bouleverser ce code du travail. Bravo !

Le rapport Combrexelle propose plusieurs propositions chocs, selon Bourmaud (2015), sur la réduction des indemnités de licenciements. Le chef du gouvernement considère que le droit du travail est le capital des salariés et qu'il n'est pas question de toucher aux 35 heures, au Smic, au CDI.

Ces idées ne sont plus acceptables car c'est précisément les 35 heures et l'archaïsme de contrats inamovibles qui ont conduit à la situation de quasi blocage de la société aujourd'hui.

Donc Monsieur Combrexelle a dû reprendre sa copie. Pourtant des personnalités comme Robert Badinter, et Antoine Lyon-Caen ou l'Institut Montaigne, Terra Nova ou la Fondation Jean Jaurès selon Bourmaud (2015) remettent en cause les fondements du code du travail, car nous sommes passés d'une société de production à une société de services et de réseaux. Il conviendra donc de s'adapter en créant, selon Benoit Hamon, une sécurité sociale professionnelle, une meilleure protection des formes de travail hors salariat, profiter des VAE pour utiliser les potentiels dans les activités bénévoles.

Dans leur ouvrage, « Le travail et la Loi », Robert Badinter et Antoine Lyon-Caen affirment ainsi que « la vision d'un droit du travail, perçu comme une forêt trop obscure et hostile pour qu'on s'y aventure, joue contre le recrutement des salariés complémentaires dans les petites et moyennes entreprises. Et le droit du travail ainsi mystifié joue contre les travailleurs qu'il est censé protéger ». Garat (2015) montre que Nicolas Sarkozy ne veut pas entendre parler de programme libéral. Pour l'ancien Président, « ce n'est pas parce que l'Etat ne doit pas être partout qu'il n'a aucun rôle à jouer ». De même, Nicolas Sarkozy est contre une cure d'amaigrissement du Code du Travail, car lorsque la loi est absente, c'est le juge qui prend le pouvoir et **la jurisprudence** qui intervient. C'est bien vrai, mais la parade, par exemple, consisterait à dire que les jugements ne s'appliquent qu'au cas concerné sans recours à la **jurisprudence, qui est un confort des juges.**

> ## Allez Manuel ! Il faut appliquer ce que tu penses. Vas-y !
>
> Le premier Ministre l'a réaffirmé à l'Université d'été du parti socialiste : il faudrait réformer le code du travail devenu « inefficace ». Trop étoffé, il se serait mué en épouvantail, effarouchant les employeurs qui veulent embaucher selon Bruyere et al. (2015). Le chômage en France peut s'expliquer en partie par la complexité tatillonne et tracassière du droit du travail qui inquiète les entrepreneurs plaçant leur propre argent dans l'entreprise. On nous dit que cette idée a été portée durant tout le XX siècle par les apôtres du libéralisme et le patronat. Et si les syndicalistes et les esprits critiques étaient responsables de leur propre entreprise ? Eux-mêmes se poseraient les mêmes questions que les patrons d'aujourd'hui.

Vision et mystification, voilà sur quoi repose l'impératif de réforme selon Bruyere et al. (2015). L'ouvrage de Gilbert Cette et Jacques Barthélémy, « Réformer le droit du travail », paru le 3 septembre 2015 reprend la même antienne. Selon eux, le droit du travail en France, laissant peu de place à la négociation collective, serait « un droit essentiellement réglementaire, basé sur une profusion de textes constituant un ensemble d'une complexité sans équivalent, parmi les pays développés », une complexité qui serait « préjudiciable simultanément à la fonction protectrice du droit social et à l'efficacité économique ». L'efficacité économique, **la lutte contre le chômage** et pour **l'insertion des jeunes** exigeraient une réforme globale du droit du travail.

Que pouvons nous faire

☐ Reprendre le code du travail suisse et s'en inspirer afin de présenter un code nettement plus léger.

☐ Simplifier le code du travail a l'avantage de faire gagner du temps à tout le monde : fini la course à l'article et le contre argument dans tel article.

☐ Favoriser la négociation collective pour décider ce qui est bon dans telle entreprise et ce qui l'est moins dans telle autre. Chaque entreprise a ses propres spécificités. Il s'agit d'adapter la situation au type d'entreprise.

3.2. Du courage pour mieux négocier entre patrons, héros discrets, et syndicats, auréolés par leur esprit positif

Pour sauver la France du blocage actuel, une bonne solution consisterait à mettre en lumière les plus compétents de nos talents : les patrons, ces héros discrets, et les syndicats auréolés par leur démarche constructive. Dans ce cadre, Deluzet, Devernois et Silva (2015) font des propositions pour renforcer l'efficacité et l'étendue de la négociation de branche et d'entreprise

Proposition n° 1 : développer le droit conventionnel pour répondre de façon plus appropriée aux situations rencontrées dans les entreprises, en étendant le domaine des dérogations possibles, au code du travail. Extension aux accords de branche et à l'incorporation de ce nouveau droit conventionnel au contrat de travail.

Proposition n° 2 : rendre également possible les négociations avec les représentants élus du personnel selon toutes les tailles d'entreprises, en cas de carence au premier tour des élections et en employant, dans ce dernier cas, la voie de la validation à la majorité des suffrages exprimés.

Proposition n° 3 : ouvrir de nouveaux champs à la négociation collective, connexes au droit du travail où pourront être inventés demain de nouveaux modes de gouvernance du travail.

La réforme du droit du travail est nécessaire et indispensable pour créer des emplois, répondre aux besoins sociaux et retrouver davantage de prospérité. Mais elle ne se limite pas à une cure d'amaigrissement juridique. Cette remise à plat, qui intègre un travail de réflexion sur la nature du salariat, dont le lien de subordination constitue un élément central, doit être conduite avec l'idée de préserver une juste et équitable couverture sociale.

Faire sauter les tabous

Le gouvernement Valls lutte contre les conservatismes syndicaux en imposant l'accord de modernisation des carrières dans la fonction publique, contre l'avis de la CGT. Dans le camp opposé, l'ancien Président veut faire élire les représentants des salariés et institue un référendum de salariés en cas de blocage des syndicats selon Tabard (2015). On s'aperçoit, selon ce dernier, que les tabous sautent, puisque les candidats à la primaire veulent, par exemple, rediscuter l'indemnisation du chômage, revoir le contrat de travail et rediscuter de la médecine gratuite. On est sur la bonne voie, mais il ne faut pas faiblir. Ce qui sera le plus difficile, car les élites dirigeantes ne font pas la preuve d'un courage extrême.

Que pouvons nous faire

☐ Négocier. La gouvernance au travail et la négociation collective dans les entreprises de toutes tailles parait utile au dialogue social.

☐ Réfléchir. Une cellule de réflexion sur la nature du salariat parait adapté à l'évolution vers un monde numérique.

3.3. Du courage pour un syndicalisme reconnu et validé par tout le pays

Des syndicats plus légitimes, plus représentatifs, plus raisonnables

Une obligation de transparence des revenus syndicaux pourrait être la compensation de **l'adhésion obligatoire de tous les salariés à un syndicat.** Nous souhaitons rendre cette adhésion obligatoire afin de rendre aux syndicats une voix vraiment représentative bien différente de celles de syndicats actuels pas trop bien élus : moins de 10% des électeurs en entreprise votent (Paya 2014). Malheureusement, c'est ainsi. Nous voulons développer le pouvoir des partenaires sociaux. D'où l'importance de votre vote qui définira quel syndicat est capable de négocier honnêtement. A vous de choisir des syndicats raisonnables, capables de négocier, capables de discuter, sans mettre la grève comme préalable....

Dans les objectifs de progrès avec les syndicats, il conviendrait de réduire le nombre de seuils sociaux afin de lever les freins à l'embauche, d'assouplir les conditions de maintien dans l'emploi, de pouvoir augmenter ou réduire le temps de travail, lorsque les carnets de commande gonflent ou en phase de baisse d'activité, et, pas seulement, lorsque l'entreprise rencontre des difficultés (Rambaud 2015).

Les syndicats, patronaux et salariaux, n'ont de légitimité que s'ils vivent en toute indépendance, avec les cotisations obligatoires de leurs adhérents. L'arrêt des subventions et le retour au travail des dizaines de milliers de syndiqués « permanents » dégagés de leur centrale, notamment dans les entreprises publiques, serait une mesure éthique. **Oui à des partenaires sociaux puissants.**

Le projet, révélé par les Echos et Libération selon Peillon, Cailhol (2015), prévoit, entre autres, l'extension de la délégation unique du personnel - un dispositif déjà existant - à toutes les entreprises de moins de 300 salariés, une inscription dans la loi, du régime des intermittents pour « mettre fin [aux] crises récurrentes et rechercher une solution pérenne » et la fusion de la PPE (prime pour l'emploi) et du RSA activité afin « d'encourager l'activité, en soutenant le pouvoir d'achat des travailleurs modestes, de façon simple et lisible».

Lorsqu'un accord n'est pas possible en entreprise, l'ancien Président veut redonner la parole aux salariés. Ils seront amenés à se prononcer et à trancher par référendum à la majorité simple selon Landré (2015).

Orientation plutôt proche des idées des responsables du PS. Le deuxième volet de ce plan consiste à faire élire les délégués syndicaux par les salariés et ne plus les nommer par les centrales syndicales.

Enfin, il conviendrait de suspendre les règles du paritarisme du régime d'assurance -chômage afin d'empêcher les syndicats de négocier avec le patronat les règles d'indemnisation du chômage.

L'Etat rétablissant les comptes (trou de 35 Milliards de dettes à fin 2018) et réduisant les allocations chômages au bout de 12 mois. Une démonstration de l'incapacité du dialogue social.

Que pouvons nous faire

☐ Renforcer le pouvoir des partenaires sociaux, syndicaux et patronaux.

☐ Proposer aux syndicats de présenter leurs comptes à la Cour des Comptes.

☐ Clarifier les revenus des syndicats et renforcer leur influence (transparence de financement).

☐ Trouver une vraie représentation syndicale forte de tous les salariés par adhésion obligatoire.

☐ Privatiser l'assurance chômage par les différents assureurs.

☐ Inviter les électeurs à voter aux élections professionnelles pour des syndicats aptes à

négocier. Pas des obsédés de la grève et des négociations en force.

3.4. Du courage pour un peu de justice sociale entre public et privé

Aligner les régimes spéciaux sur le privé sera, selon toute évidence, la réforme la plus difficile qui réclamera le plus de courage. Pourtant les esprits ont mûri (Merci Macron…). Nous ne pourrons éviter cette réforme car nous sommes confrontés à une injustice perçue comme telle, par tous les salariés du privé et un questionnement inquiet des fonctionnaires, sur leur avenir. Autant percer la bulle avant qu'elle n'explose.

La question doit absolument être négociée au moment de l'élection Présidentielle, avec l'Etat et les syndicats, pour trouver un début d'alignement, car nous risquons de nous trouver face à une cassure entre les salariés et les fonctionnaires.

Des élites incapables de regarder la réalité en face.

Pacitto et Jourdan (2015) posent bien le problème: le gouvernement sait que la réforme des régimes spéciaux de retraite, du temps de travail ou du système éducatif suscitera de grandes mobilisations. La réalité, c'est que cette résistance aux réformes tient en partie au fort pouvoir de nuisance des bénéficiaires des régimes spéciaux et des syndicats; mais surtout à l'incapacité des élites françaises, à agir par rapport à des situations complexes. Si nos élites démontrent une bonne capacité d'analyse, elles sont dépassées, lorsqu'il s'agit de donner des réponses concrètes, face à la réalité, se contentant d'arguties juridiques. Parce que ces « élites » manquent de pratique en entreprise, de pratique sociale, de négociation en général, d'expérience (s) tout court.

Tous ces gouvernements attendent que l'orage passe, car aucun d'entre eux n'ose s'engager dans la voie des réformes qui viseraient, simplement, à remettre l'intérêt général au cœur des processus décisionnels.

Que pouvons nous faire

☐ Trouver un angle d'attaque pour rapprocher les régimes spéciaux des régimes privés en
    créant un régime universel.
☐ Rechercher plus de justice et d'égalité de tous face au travail et par justice sociale.
☐ Renforcer la cohésion sociale.
☐ Avoir le courage d'aller jusqu'au bout des réformes sur le code du Travail.

3.5. Du courage pour les retraites

La majorité des Français selon de Linares (2009) redoutent le début de la dégringolade lorsqu'ils dépassent les 50 ans, car il devient très difficile de retrouver un un emploi et la situation peut mener à une paupérisation bien réelle. Les acquis, selon Godeluck (2015): à partir de 2019 mécanisme de décote de 10% par an pendant 3 ans pour ceux qui partiront avant l'âge du taux plein au régime de base plus 4 trimestres. Pour ceux qui partiront 2 ans après l'âge du taux plein, ils auront une année de surcote à 10%, 20% pour 3 ans et 30% pour 4 ans.

Des partenaires sociaux de bonne composition, en somme. Pierre Gattaz lors de son entretien avec Crouzel et Landré (2015) soulignait que lors des négociations sur les retraites, plus de 95% des textes étaient acceptés, et les salariés comme les chefs d'entreprise ne comprenaient pas cette multiplication de réunions. Un exemple de ce qui nuit à la productivité, et à l'emploi et ne sert pas les salariés. Pour que les entreprises créent des postes il leur faut un environnement de compétitivité et de confiance, pas des réunions permanentes pour discuter et rediscuter avec les centrales. Il faut des décideurs. Pas des humains téléguidés par une somme d'intérêts parfois divergents. Pour Laurent Berger CFDT, interviewé par Crouzel et Landré, les syndicats ont cherché des accords sur le maintien d'une instance de proximité, les heures de délégation des représentants du personnel, le rôle du délégué syndical, mais n'ont pas eu de réponses.

Les syndicats proposent que, par accord majoritaire avec les syndicats et les entreprises, les différentes instances puissent fusionner, de sorte que les questions de sécurité et de conditions de travail et de stratégie d'entreprise, soient traitées dans une instance unique.

La lutte des classes vue par un diplodocus syndical De Capele (2015) montre que l'accord inespéré sur les retraites en 2015 et le succès de la négociation entre la CFDT, la CFTC et la CFE-CGC achève, par la même occasion, de discréditer le diplodocus de la lutte des classes, dont la CGT est la caricature, qui s'oppose, par principe, à toute réforme. De Capele souligne que le report implicite à 63 ans de l'âge de départ à la retraite pour les salariés du privé a pour effet immédiat d'assurer l'avenir des régimes complémentaires. Ce qui est une ardente obligation à l'égard des futurs retraités qui cotisent chaque jour de leur vie professionnelle sans aucune assurance quant à leur future pension alors que les fonctionnaires bénéficient d'un statut exorbitant que rien ne justifie plus.

Le Président prompt à mettre les syndicats devant leurs responsabilité aura t'il le même courage en alignant le public sur le privé et en reportant formellement l'âge de la retraite pour tous ? Monsieur le Président, c'est à vous de jouer !

Que pouvons nous faire

☐ Laisser le patronat et les syndicats négocier les retraites comme ils l'ont fait avec succès.

3.6. Du courage pour cadrer les objectifs de retraites

Et si on augmentait les retraites comme en Allemagne ?

Grâce à la bonne conjoncture économique, selon Joffrin (2015), les retraités allemands vont voir leur pension augmenter de près de 5 % l'an prochain et, pour certaines catégories, l'âge de départ sera abaissé d'un an. Vous avez bien lu : au moment où, en France le Medef, la plupart des experts, le gouvernement et une partie des syndicats prévoient une diminution des pensions et un relèvement de l'âge de la retraite, l'Allemagne fait un pas sur le chemin inverse en améliorant, d'un coup, le sort de ses vieux travailleurs. Bravo l'Allemagne ! Et la France ? Merci Laurent de ce témoignage édifiant pour nous tous et un aiguillon pour nos gouvernants, incapables de mettre en place un système qui bénéficie à tous.

Et si l'élite Française se remettait un peu en cause ?

Les mesures annoncées à Berlin dérangeront les certitudes de tous les camps. En France, le patronat ne peut pas prononcer une phrase sans y mettre le mot «réforme», selon Joffrin (2016), alors qu'il désigne, ainsi, non un changement bénéfique, mais un sacrifice pour les salariés. Pour « l'élite française », il n'est de progrès qu'à rebours: il faut rogner les avantages, mettre en cause les acquis, réduire les protections. A quand l'augmentation des retraites Mesdames et Messieurs de l'élite ?

Manuel Valls s'est dit réjoui de cet accord qui, pourtant, prévoit un recul de l'âge auquel on percevra la pension maximum et une baisse du pouvoir d'achat des retraités. Cialdella (2015) présente les points de vue de la CGT par lequel il y a peu de chances que les travailleurs se réjouissent de cet accord. Et la différence de traitement entre les fonctionnaires et les salariés du privé. La CGT n'en parle pas beaucoup. Pourtant, l'injustice est bien là.

Jean-Louis Malys (CFDT) appelle un accord équilibré. Pour Claude Tendil (Medef), c'est un accord "historique"... « Nous avons obtenu la garantie que l'État compensera une partie de nos efforts par une baisse des cotisations accidents du travail et maladies professionnelles » dit-il.

Après avoir été gelées pendant trente mois, les pensions de retraite du régime général vont enfin être revalorisées... de 0,1% selon Chemin (2015). Pour Frédéric Barrel, directeur technique de la société Neovia Retraite, «la faible revalorisation des pensions ne compense pas les gels précédents qui ne seront jamais rattrapés. Cela revient à une non-augmentation pour les actuels et les futurs retraités». D'autant que les partenaires sociaux gestionnaires des régimes de retraite complémentaire, Arrco (pour les salariés) et l'Agirc (pour les cadres), ont renouvelé le gel de la valeur du point de retraite, actif depuis avril 2013.

A cela s'ajoute la baisse de revenu, véritable défi du passage à la retraite, surtout pour les hauts salaires selon Chemin (2015). Si pour les fonctionnaires, la retraite à taux plein s'élève à 75% du traitement perçu les six derniers mois, pour les salariés du secteur privé, la pension de retraite du régime général équivaut à la moyenne des vingt-cinq meilleures années, mais dans la limite de 50% du plafond annuel de la Sécurité sociale, fixé en 2015 à 38 040 euros. Les pensions maximales des pensions de retraite du régime général ne peuvent donc pas excéder 19 020 euros par an, soit 1 585 euros par mois...

Censées être épargnées dans un premier temps, les petites retraites seront finalement aussi concernées. Ce constat mis en perspective avec les augmentations de la prime d'activité (ex RSA) et du SMIC est une véritable injustice. Comment peut-on faire payer aux seniors ce qu'ils ont mis 40 ans et plus, à constituer, à force de sacrifices, de peines, autant que de bonheurs, pendant qu'on augmente la prime d'activité qui pousse de nombreuses personnes à rester dans l'oisiveté et la non productivité (Parrino 2015).

Que pouvons nous faire

☐ Préparer un relèvement progressif de **l'âge légal de départ à la retraite à 65 ans**. Cette mesure apparait plus favorable qu'une nouvelle pénalisation pour les retraités qui ont bien mérité leur pension. Il est injuste, pour tous, de voir qu'on puisse anticiper d'accroître de la prime d'activité ou le SMIC et réduire les pensions des retraités.

Fonds de pension ou retraite par répartition ?

☐ Dire la vérité. Si la politique consiste à introduire les fonds de pension, pour une part de retraite ou entièrement, il faut le faire savoir et bien convenir, avec tous les français, qu'un changement est en train de s'opérer et que chacun doit prendre ses dispositions pour les 10, 20, 30 ou 40 ans à venir.

☐ Féliciter les syndicats signataires et les patrons. En attendant, les régimes complémentaires Agirc Arrco sont sauvés de la faillite, par les syndicats et les patrons, en réalisant 5 Milliards d'économie en 2017 avec le soutien de l'Etat. Mission accomplie des syndicats et du patronat sur les retraites complémentaires. Et la retraite à 65 ans ?

☐ Encourager la Cour des Comptes à poursuivre ses observations dans tous les domaines. La Cour des Comptes avait présenté un projet sur les retraites complémentaires en 2014 qui a aidé les participants. Merci à la Cour des Comptes.

Prêts pour le changement ?

A **l'heure du numérique et de l'ubérisation qui va tout changer dans nos existences et nos modes de travail et de vie. Et vous, êtes-vous prêts pour le changement ? Un petit conseil : quittez votre confort douillet et réveillez-vous. « L'uber society » arrive.**

Comment allez –vous vous y insérer ? Etes vous prêts a y participer ?

3.7. Du courage pour proposer l'entreprise comme "trésor national" pourvoyeuse de richesses et d'emplois.

Conflit d'intérêt Etat-Grands Patrons

Soyons clairs: il existe 40 patrons du CAC 40 qui gagnent bien leur vie et tant mieux pour eux (...et pour nous, car ils paient beaucoup d'impôts à la France). Ceci étant dit, l'échelle des salaires dans les grandes entreprises devrait être raisonnable. Et un patron de grande entreprise qui n'a pas réussi à faire progresser son entreprise devrait partir, sans compensations, sauf légale, comme tout salarié. Il s'agit de moraliser les Directions des grands groupes français (Polony 2015).

Les salaires des grands patrons (du CAC 40 entre autres) cachent un système vicieux de rétribution de l'Etat qui reçoit la moitié, sinon 75%, de leur rétribution via l'impôt. Donc l'Etat ne peut que se réjouir des très hauts salaires de ces dirigeants qui alimentent (via l'impôt) généreusement les caisses de l'Etat. **Du côté de l'Etat, il y a un vrai conflit d'intérêt** car il a tout à gagner avec de très hauts salaires et ne souhaite pas intervenir pour limiter les revenus des grands patrons car cela ferait une perte sèche sur le plan fiscal. Autant se tirer une balle dans le pied.

Les mille et une contraintes qui torturent 99% des entreprises françaises

La situation des 40 Grandes Entreprises Françaises étant constaté par tous, il reste 99% d'entreprises, avec des chefs d'entreprise, pressurés, bloqués par les lois, les normes, les codes du travail, du commerce, les inspections des impôts, les tatillonneries administratives, les négociations avec des syndicats qui finissent par tuer l'entreprise (Voir la CFDT chez transports Mory Ducros et la CGT dans les ports Français ou à la SNCM) etc… Une catastrophe !

La moitié des chefs d'entreprise (48%) estiment que la fiscalité s'est alourdie ces douze derniers mois selon le METI (2015) Mouvement des Entreprises de Taille Intermédiaire. Les récentes mesures gouvernementales (loi Macron, rapport Combrexelle) peinent également à convaincre.

Les Chefs d'entreprise sont outrés par la situation économique de leur pays, par les choix de la France qui a prêté 40 milliards aux Grecs a 5%. Ce qui a déclenché en Grèce un programme d'austérité sans précédent (coût du crédit trop cher) décidé par la Troïka Européenne, seule solution pour éviter la faillite.

Il faut dire que la France a emprunté à 1,5%, et prête à 5% à nos amis grecs soit 3,5% de bénéfice pour l'Etat Français (drôle d'amitié). Etat qui aurait pu marquer un peu plus de générosité à l'égard des Grecs. Mais ce choix de "gagner plus" sur le dos des Grecs qui s'est finalement traduit en pratique par l'élection de l'extrême gauche en Grèce. Voila l'exemple d'un calcul initial économique qui s'est révélé politiquement contre-productif.

Dans le textile, depuis la fin des quotas pour les chinois depuis le 1 er janvier 2005, l'ultime coup porté a été porté dans un secteur rencontrant une concurrence féroce. L'exemple des Atelières (ex Lejaby) qui ont fermé montre que tout, autour d'elles, a dysfonctionné: l'abandon des savoirs-faire, le fatalisme, la vente des intérêts stratégiques de la nation, la filière nucléaire. Cet ensemble de résignations conduit la France dans la mauvaise direction (Roquette 2015).

Un moratoire sur les mesures en discussion au Parlement

Le gouvernement doit donner envie aux entreprises de prendre des risques en France. Les baisses de charges du pacte de responsabilité sont saluées par les investisseurs, selon Lefebvre (2015), mais elles auraient plus d'impact si le gouvernement ne brouillait pas le message pro-entreprises avec les décrets sur la pénibilité qui gênent nombre d'entrepreneurs pour des questions d'application. Lefebvre (2015) propose un moratoire sur toutes les mesures en discussion au Parlement, susceptibles de perturber l'activité des entreprises, comme la publicité du reporting, pays par pays (obligation pour les entreprises de communiquer leurs données stratégiques) ou du devoir de vigilance des sociétés mères sur leurs filiales, dont les modalités floues inquiètent le patronat.

Il nous appartient de dire que la marmite est sur le point d'exploser. Les chefs d'entreprise sont dans une colère rentrée, comme une majorité de français, prêts à exprimer un agacement profond, prêts à montrer dans leurs votes, qu'ils ne croient plus dans la politique.

Or le vrai problème c'est que ces entrepreneurs, ce sont eux qui ont la clé de la croissance, de l'emploi, du développement, en somme de l'avenir. Des signes importants doivent leur être donnés, afin qu'ils ne se tournent pas vers un vote contestataire, auprès des extrêmes. Certes, les patrons ont le CICE. Mais la fiscalité en France a été tellement pénalisante pour les PME TPE, que le CICE, qui devait déclencher des recrutements sert surtout, pour l'instant, à aider les entreprises à s'en remettre et combler les retards. Mais comme le rappelait le patron des PME et le bon sens, on ne peut s'engager sur l'emploi, tant que le carnet de commande n'est pas rempli.

A partir du moment où on retrouve un peu de CONFIANCE les entrepreneurs pourront relever la tête. Et ce n'est pas parce que le Premier Ministre envisage des mesures de rétorsion à l'égard des PME qui ne recrutent pas, que les carnets de commandes vont subitement se remplir ! Est-ce que nos « gouvernants » ont déjà travaillé dans une entreprise ? Malheureusement, la majorité des élus et autres Ministres ont tranquillement pantouflé dans les administrations centrales. Ils n'ont aucune idée de ce qu'est une entreprise. Et encore moins, une petite et moyenne entreprise (PME). Sinon, ils seraient effarés de leurs propres décisions et du caractère inapplicable de leurs « innovations » comme le compte « pénibilité ».

Mettre l'entreprise au centre du débat

Selon Jean Peyrelevade, ex patron de gauche, (in de Meritens 2014), le jour où, quelqu'un à droite, indiquera, enfin, ce que doit être la France de demain, et qu'il s'y engagera par écrit, le débat changera de nature. Jean Peyrelevade insiste, en soulignant que « si la gauche post marxiste, répugne à installer l'entrepreneur, en dignité, cela peut paraître compréhensible ». « Mais, le fait que la droite ne se saisisse pas de cette exigence est un véritable non sens ».

Il rappelle que Léon Blum écrit avec une naïveté confondante que le chef d'entreprise « ne sert à rien, n'a aucune valeur ajoutée et que si la justification de la propriété privée n'est autre que l'exploitation, autant la supprimer ». Jean Peyrelevade l'écrit: « leur pensée était vide ».

Blum a fait son temps. Il appartient à une autre époque.

A l'heure du numérique, chacun d'entre nous comprend que le monde est en train de changer de manière irrémédiable et que tous nos petits monopoles (taxis, avions, transports) vont sauter, dans les années à venir. Il nous appartient d'anticiper des changements radicaux pour se trouver dans la bonne direction. Et Vous, vous êtes dans la bonne voie ?

La question des mutuelles

L'obligation de souscrire une mutuelle (complémentaire santé) par les entreprises pour leurs salariés cache un problème majeur : la complémentaire santé souscrite par l'entreprise est en général minimaliste. En conséquence, les salariés vont devoir souscrire une sur-complémentaire. La décision politique de généralisation des complémentaires semble favorable aux salariés. Eh bien cela leur coûtera cher, ainsi qu'aux Chefs d'Entreprise ! Encore une « bonne nouvelle » ! (que paie l'entreprise…).

Innover

Dans un long article, Pérez (2008) réalisait que les efforts de développement ne concernaient plus les secteurs classiques, de l'industrie automobile ou de la pharmacie, mais, pour la première fois, les laboratoires de technologies de l'information, avec Microsoft et les télécommunications. Secteurs où la recherche et le développement est vital. Ces grands groupes sont associés à la recherche académique, par le biais d'accords de co-développement ou d'associations.

La part des budgets dans le domaine des biotechnologies peut aller jusqu'à 25% du chiffre d'affaires. L'automobile 4 à 5% et l'agro alimentaire 1%. Les grandes sociétés pharmaceutiques investissent des sommes considérables de 16 à 20% de leur chiffre d'affaires pour sortir un bon produit. Le chiffre de l'investissement en R&D de Areva illustrait dèjà les difficultés actuelles du groupe: 570 Millions d'Euro à comparer aux 1,450 milliards du spécialiste allemand des logiciels.

La faiblesse des Français dans le domaine du R &D réside dans le tissu industriel, dont l'intensité technologique est faible ou moyenne, et une R&D, quasi inexistante. Selon Pérez les zones les plus puissantes en recherche sont les USA, l'Europe, le Japon qui concentrent 90% de la R&D mondiale. En Europe le leader est l'Allemagne avec 10% et la France avec 7% d'investissement en R&D.

En matière d'innovation, Internet concentre toutes les valeurs. Les entreprises et services selon Bellanger (2015) sont absorbés par son rendement phénoménal. Au sommet d'Internet, des alliances de services informatiques prennent leur part de sa valeur dans une logique implacable de puissance. On parle, alors, de "resogiciels".

Cette intelligence considère l'instant présent, comme du passé, et les frontières, les États et le droit, comme autant d'obstacles, selon Bellanger (2015). A partir d'Internet, une simple famille dispose, quasiment, de la capacité de calcul d'une multinationale, et de sources d'informations, dignes de celle d'un dirigeant du G7. Rappelons-nous que les américains ont lancé des hommes sur la lune avec un logiciel identique à l'ordinateur portable classique de « Madame et Monsieur tout le monde »….

L'Etat actionnaire

L'Etat actionnaire revoit à la baisse ses prévisions de 3,67 Millards à 3,15 Milliards, dont l'explication se trouve dans une perte sur le dividende d'EDF. Cette perte de dividende est due à la distribution d'un acompte sur dividende, en actions nouvelles, plutôt qu'en numéraire, selon Feuerstein (2015), pour une part de l'Etat, de 85% dans EDF.

Une autre entreprise, Renault Nissan, semble une priorité dans le domaine de la stratégie, pour le Ministre de l'Economie, selon Barroux (2015). Or Renault marche bien. Il conviendrait de s'intéresser aux entreprises qui ne marchent pas comme Areva. Quant à Carlos Ghon en poste depuis 15 ans, on souhaite la même longévité, et les mêmes succès, au Ministre.

Pourquoi l'Etat dans tant d'entreprises (à l'exception des stratégiques) ?

L'État, qui possède 72 % de la Française des jeux (FDJ) vendrait 20 % des parts ainsi détenues dans cette société, dont le chiffre d'affaires (12,3 milliards d'euros) a été multiplié par deux depuis 2000. L'explication de cette manœuvre de revente de parts est simple : pour tenir ses engagements d'économies, de réduction de la dette et d'équilibre budgétaire promis dans le cadre européen, l'État gratte dans tous les coins pour que « ça banque illico ». Selon les estimations, ces 20 % de parts de la FDJ vendues pourraient rapporter 300 à 400 millions d'euros (Mathieu, Mauriaucourt 2014). L'État détient actuellement des parts dans 74 entreprises, comme la SNCF, Air France, Orange ou encore Renault. La valeur totale de ses participations dépassait 110 milliards d'euros, dont 85 milliards pour les seules entreprises cotées en Bourse (hors PSA Peugeot Citroën). Résultat pour l'Etat: 4,4 milliards d'euros de dividendes, pour un chiffre d'affaires de 145 milliards. EDF et GDF Suez, verse le plus de dividendes à l'État : 3 Milliards d'Euros.

Libérons une majorité de ces entreprises du joug de l'Etat pour rembourser une partie de nos dettes.

Une fois de plus, l'Etat ne devrait plus être actionnaire de grandes sociétés comme Renault, car le Ministre, par exemple, essaie d'impacter la stratégie dans un cadre politique, peu compatible, avec une stratégie mondiale d'entreprise.

Mesurer le risque

Si l'on croit Raulin (2015), l'ex-banquier teinté de rose et ancien analyste, Christophe Nijdam, a acquis la conviction que brider le libéralisme effréné des marchés serait indispensable pour «remettre la finance au service de l'économie réelle». Nous contestons un point de vue qui a fait trop de dégâts depuis près de 4 ans. **Libérons les énergies dans les entreprises en les soulageant des charges fiscales, des normes uniques au monde dans tous les métiers qui bloquent toute créativité au nom de principes de précaution qui handicapent tout le monde.**

L'opinion vivrait dans une illusion soigneusement entretenue par les gouvernements. On nous ferait croire que la finance est sous contrôle, que la régulation a été achevée. Qu'il s'agit, désormais, de laisser les banques tranquilles, pour qu'elles puissent financer la croissance et les créations d'entreprises.

Nous pensons qu'il est de la responsabilité de l'Etat de donner confiance à ses concitoyens et ce n'est pas en agitant des chiffons rouges, que nos concitoyens retrouveront confiance dans leur pays.

Que pouvons nous faire

☐ Baisser l'impôt sur les sociétés et encourager en parallèle les entreprises à investir dans un contexte dynamique nouveau.

☐ Réorganiser la fiscalité en diminuant les charges pesant sur les entreprises ?

☐ Décider que, seules, les normes européennes s'appliquent à la France, sauf dans quelques cas comme les fromages, les vins et la gastronomie française. Les normes françaises ne s'appliquent plus en tout état de cause.

☐ Faire figurer sur les fiches de paie de tous les collaborateurs, l'ensemble des charges patronales et salariales, afin de disposer d'une bonne visibilité, pour chacun, de son gain réel (le coût réel du salaire pour l'entreprise, ce qu'il faut sortir précisément).

☐ Libérons une majorité de ces entreprises privées du joug de l'Etat pour rembourser une partie de nos dettes.

Chapitre 4. Le développement professionnel

4.1. Du courage pour ouvrir un droit au travail

4.2. Du courage pour repenser aux RTT

4.3. Du courage pour valoriser notre travail

4.4. Du courage pour répondre à la question du chômage

4.5. Du courage pour dire oui à la Prime d'Activité mais avec un travail d'intérêt collectif

4.6. Du courage pour dire oui à un Smic adapté, oui à une politique qui déclenche l'emploi de tous, même les non qualifiés

4.7. Du courage pour dire non aux emplois « aidés »

4.8. Du courage pour dire non au compte pénibilité

Sachez le bon que produit la terre et vous profiterez de ses ressources; connaissez les routes et vous prendrez la bonne; par le calcul, sachez divisez exactement pour donner à chacun, en vivres et munitions, sans excès, ni trop peu. La balance vous apprendra à répartir la justice, les récompenses et les punitions. Enfin, rappelez-vous les victoires qui ont été remportées, les circonstances de la lutte et vous saurez ainsi l'usage qu'on en a fait, les avantages qu'elles ont procurés ou les préjudices qu'elles ont causés aux vainqueurs eux-mêmes.

Sun Tzu

4.1. Du courage pour ouvrir un droit au travail.

En décembre 2013, la France comptait 10,5 % de chômeurs parmi une population active s'élevant à 28,5 millions d'individus. La France pâtit de la rigidité de son marché du travail, d'un décalage, entre la demande et l'offre de compétences, dommageable pour la montée en gamme de son économie, ainsi que d'un coût total du travail non compétitif, notamment pour les postes les moins qualifiés. Selon McKinsey (2014), il apparaît indispensable d'entreprendre une réforme en profondeur du marché du travail, dans une démarche ambitieuse et volontariste, afin de dynamiser la création d'emplois et d'en faire le moteur de la croissance future. Les 35 heures ont fait beaucoup de mal à l'économie française, tout le monde le sait, et les partis de droite ont manqué du courage nécessaire pour remettre en cause, à ce jour, cette législation anti-économique. La gauche a failli oser ce que n'a pas fait la droite et nous nous aurions aimé nous en féliciter. Il aurait fallu aller jusqu'au bout pour libérer les entreprises de ce carcan des 35 heures.

Le coût budgétaire des 35 heures de 2003 à 2013 est estimé par le Ministère du Budget à 118 milliards pour 350 000 emplois créés entre 1997 et 2002. Mais, selon Coe Rexecode, les 35 heures ont provoqué une baisse de la part des exportations françaises, dans la zone Euro, depuis les années 2000. Plutôt que de remonter la limite légale à 39 ou 40 heures, on peut envisager de la supprimer, et de confier aux entreprises et, éventuellement par des accords de branche, le soin de définir - en accord avec les salariés - les horaires et les conditions de travail les mieux adaptés à chaque activité.

L'Allemagne, bon élève ?

Rappelons, par exemple, qu'au moment où les 35 heures se sont imposées en France, les coûts salariés ont bondi de 3%, alors qu'ils avaient chuté sur la même période de 11% en Allemagne, soit un delta de 14%, apparu le temps d'un septennat, qui a fait perdre 3 points de part de marché de la France, au sein de l'Europe. Sans parler de la perte de compétitivité des salariés français, les plus productifs au monde, devenus par la "grâce" des 35 heures, les moins performants de l'OCDE. Et c'est ainsi, avec la réduction du temps de travail, que la France perd sa 5 ème place mondiale.

Que pouvons nous faire

☐ Élargir la notion de contrat de projet sur le temps d'une mission.

☐ Faire participer tous les salariés à la croissance de leur entreprise.

☐ Objectif: fini les 35 heures et place à une société normale ou le travail s'inscrit dans un projet de vie. Les 35 h n'ont certes pas complètement ruiné la France. Mais, c'est l'idée que le travail était malsain, négatif, non porteur de bonheur, qui brise nos meilleures volontés. Il est plus que temps de se réveiller.

☐ Déclencher un retour des heures supplémentaires défiscalisées

☐ Permettre aux personnels de gagner plus en travaillant plus.

4.2. Du courage pour repenser aux RTT

Les 35 heures et les RTT, mesure emblématique de la gauche au pouvoir, « fêtent » leurs 15 ans, avec les effets négatifs que l'on connaît pour l'économie et l'emploi. Mais, les années Jospin, c'est aussi le PACS et les "sauvageons" de Jean-Pierre Chevènement, que la gauche s'est empressée d'ignorer. Une époque dont nous payons le prix aujourd'hui, selon Saint Paul et al. (2015).

Il est facile de comprendre, qu'à long terme, un employé qui travaille moins produit moins, et donc, doit être proportionnellement, moins payé, pour que les entreprises puissent conserver leur marge. Les routiers français sont les plus chers d'Europe, en grande partie, parce que leur nombre d'heures annuel est très en deçà de leurs concurrents européens, ce qui explique pourquoi, les transporteurs français ne cessent de perdre des parts de marché.

Les RTT ça coûte cher

Les RTT ont accru le coût du travail de 11 %, surcoût qui n'a été, qu'en partie, compensé avec l'instauration d'exonérations de cotisations sociales selon Saint Paul et al. (2015). Ce système d'exonération coûte aux contribuables 12 milliards d'euros par an. L'accroissement des charges sociales est intervenu au moment où, justement, la concurrence internationale s'est accrue, au moment où les Allemands décidaient d'améliorer leur compétitivité. Si les grandes entreprises réussirent à obtenir des concessions avec la mise en œuvre de l'annualisation du temps de travail, les PME ont subi de plein fouet l'augmentation des coûts. Le tissu économique s'est fragilisé. Cette faiblesse se révèle, après plusieurs années, avec la crise de 2008-2009, et encore plus nettement, depuis celle que nous connaissons depuis 2012.

Emmanuel Macron, et d'autres, se sont illustrés en dépeignant la réduction du temps de travail, comme une recette inefficace du passé, selon Ecolinks (2015). En pratique, la principale question est de savoir, comment l'organiser. Contrairement aux idées reçues, les Français ne travaillent pas moins que leurs voisins européens. Lorsqu'on se concentre sur la durée moyenne de tous les emplois, et non uniquement sur ceux à temps plein, les Français ont une durée hebdomadaire de travail de 35,9 heures en 2013, supérieure à la moyenne de l'Europe des Quinze (35,8 heures) mais également du Royaume-Uni (35,5 heures) et de l'Allemagne (35,2 heures).

Que pouvons nous faire

Dans ce contexte, il deviendra absolument vital.

☐ D'accroître le contenu en emplois répondant à la croissance si faible soit-elle.

☐ Equilibrer la vie personnelle et vie professionnelle pour répondre à une plus grande
   demande des femmes.

☐ Développer les outils pour répondre à la dépendance.

☐ Faciliter la vie aux aidants familiaux consacrant plus de temps à leur famille ou à leurs
   proches.

4.3. Du courage pour valoriser notre travail

Pour le secrétaire général de la CGT, selon Cailhol (2015) faire primer les accords collectifs sur la loi « reviendrait à avoir un code du travail par entreprise, en fonction de la taille ou de la présence syndicale ». Toujours, selon Philippe Martinez, en ce qui concerne le rapport Combrexelle la position du gouvernement serait très ambiguë. D'un côté, on nous assurerait qu'on ne touche pas au socle du code du travail, c'est-à-dire au salaire minimum et au temps de travail, mais de l'autre, on nous dirait que les entreprises pourront faire ce qu'elles veulent. Cailhol (2015) s'interroge sur la possibilité de passer aux 32 heures. Selon le Secrétaire Général de la CGT, ce serait indispensable. Selon eux, la dernière réforme qui a permis de créer significativement des emplois dans ce pays sont les 35 heures. Le Secrétaire Général de la CGT réclame un état des lieux sur le temps de travail et pose la question : est-ce que le problème, c'est les 35 heures ou leur application et les cadeaux accordés aux patrons ?

Tuer la notion d'effort et de travail et faire face à la concurrence mondiale

Notre réponse : les 35 heures et les RTT ont rendu au salarié plus de temps pour eux et leurs loisirs. **Ils ont aussi tué la notion même de travail et d'efforts.** C'est vrai que cela peut paraître plus agréable de penser à ses vacances ou à sa vie privée qu'à son travail. Il n'empêche, le mal est fait. **Ce qui est le plus grave, c'est que nous sommes en concurrence avec le monde sans sembler nous en rendre compte. Nous sommes handicapés, car les 35 heures ne s'appliquent pas dans les autres pays d'Asie ou aux USA. Nous payons cher cette mesure.**

Selon Artus, en 2011, on voit que ce qui différencie les divers pays européens entre eux, c'était le recours plus ou moins important au travail partiel (**choisi** par les femmes aux Pays Bas ou **subi** par les femmes en Allemagne). Corrigé du temps partiel la durée du temps de travail était à peu près analogue dans tous les pays soit 41 heures.

Un manque de souplesse du modèle Français

Le problème en France pour Artus en 2015 c'est qu'en temps de crise, les salaires continuent de progresser de 3% l'an. Les Français ne sont pas raisonnables et le marché du travail est trop rigide. Alors qu'en Allemagne, les salaires sont beaucoup plus sensibles à la conjoncture: ils n'ont cru que de 1% jusqu'en 2010. En Allemagne une bonne partie du financement de la sécurité sociale est prise sur la consommation, alors qu'en France c'est le coût du travail qui la finance.

Une productivité à regagner

La France était le pays le plus productif au monde. Artus montre qu'avec des gains de productivité de 1%, elle est passée derrière les USA, le Canada, le Royaume Uni, la Suède et l'Allemagne. Cette baisse de productivité serait due à des descentes en gamme de notre économie dont le financement sert à la santé de la population vieillissante (santé, retraite, structures adaptées).

Il est intéressant de constater, selon Marie-Claire Carrere-Gee interviewé par Perrotte (2015) que la baisse du chômage **n'empêche pas le maintien d'un fort niveau d'emplois non pourvus**. Donc, il semble que l'ensemble Européen doit réfléchir sur la manière d'orienter les jeunes et les moins jeunes et définir des secteurs porteurs à moyen terme.

La valeur du travail

Selon de Kerdrel (2011), la valeur du travail a été sapée par les 35 heures en bridant le pouvoir d'achat et la productivité des entreprises en attachant un boulet aux finances publiques. Cette loi des 35 heures devait créer 700 000 emplois et elle en a détruit beaucoup. Le coût pour les entreprises des 35 heures, initialement prévues, à 10 Milliards s'est transformé en 66 Milliards de 2000 a 2003 payées avec de l'argent que l'Etat n'avait pas.

En 2003, François Fillon a transformé cette subventions à fonds perdus en allègement de charges sur les bas salaires pour 10 Milliards par an soit une dépense publique en 2011 de 102 Milliards et en 2015 à 200 Milliards actualisés soit 10% de la dette.
Impressionnant ! Et pour autant, y-a-t'il moins de chômeurs grâce aux 35 heures ?

Que pouvons nous faire

☐ **Mettre l'accent sur le travail et non les loisirs et le repos.** Désolé de vous décevoir. Mais regardons les choses en face. Nous sommes sur un marché mondial et ce n'est pas nos idées franco françaises qui font loi sur le marché mondial. Allez, un petit effort ! On se remet au travail et on redevient le pays le plus productif du monde. Du travail, de l'intelligence nous remettent dans le circuit du succès mondial. Nous savons tous que l'intelligence et le courage des Français peuvent faire des miracles. Il est grand temps de montrer notre potentiel d'ingénierie, de créativité, d'intelligence.

4.4. Du courage pour répondre à la question du chômage

Le chômage en France se résume à:
- Un régime d'assurance chômage plutôt généreux,
- Une convention Unedic, négociée entre partenaires sociaux ayant prévu des obligations relativement peu contraignantes à la différence des pays d'Europe du Nord ou des anglo saxons.

Le Président propose la formation des chômeurs pour apporter une réponse positive. Selon Landré (2016) la France consacre déjà 4,5 Milliards d'Euro par an à la formation des chômeurs et le plan Hollande devrait augmenter la note de 1 Milliard. Un chèque de 2000 Euros par embauche pour doper les recrutements dans les PME de plus de 10 salariés: le danger c'est l'effet d'aubaine pour les entreprises qui avaient prévu d'embaucher sans cette aide. De plus, il n'y a pas plus de chances de recrutements car les entreprises ont plus besoin de perspectives que d'aide financière. Or la croissance ne permet pas de se projeter.

Et les Italiens, comment ils font ?

L'exemple italien est intéressant. Depuis le milieu des années 1990, tous les gouvernements italiens, qu'ils soient de centre-gauche ou de centre-droit, ont œuvré à transformer en profondeur le marché du travail. Si l'on en croit leurs intentions déclarées, selon Guarascio (2015), ces transformations étaient destinées à stimuler la compétitivité et à améliorer la participation à l'emploi des jeunes et des femmes, deux catégories sous-représentées sur le marché du travail italien, notamment par comparaison avec les pays d'Europe du Nord. Conformément à une représentation strictement "néolibérale" de l'économie, une dose croissante de flexibilité a été introduite, afin de rendre les travailleurs italiens plus "mobiles et flexibles" et de réduire l'écart supposé entre leurs rémunérations et leur productivité selon Cheyvialle (2016).

Deux changements introduits par le « Job Act » méritent qu'on s'y arrête selon Guarascio (2015). Le premier est l'introduction d'une nouvelle forme de contrat qui se substitue à l'ancien contrat à durée indéterminée (CDI). Il est destiné à devenir la forme dominante de contrat sur le marché du travail. Ce nouveau contrat, appelé « contrat à protection croissante » (contratto a tutele crescenti), ne prévoit aucune obligation de réintégration des travailleurs, en cas de licenciement abusif. Le second changement est la possibilité pour les employeurs de surveiller les salariés en recourant à différentes sortes de dispositifs électroniques. La mesure, très critiquée pour les risques d'atteinte à la vie privée et à la liberté individuelle des travailleurs qu'elle comporte, a été adoptée au nom de la nécessité "d'améliorer la productivité des travailleurs". Ces changements participent de la redéfinition d'une norme destinée à transformer radicalement les relations capital-travail en Italie.

La France ne crée que des emplois publics selon Lachèvre (2016). C'est le constat dressé par Jean-Michel Six, chef économiste Europe de Standard & Poor's. Sur les 290 000 créations nettes d'emplois, entre juillet 2013 et septembre 2015, en France, 57 000 seulement l'ont été hors secteur public. En Italie, sur les 241 000 emplois nets créés durant la même période, le secteur privé en a créé 288 000... et le secteur public détruit 47 000 ! « Les emplois publics, aidés, sont moins productifs que les autres et abaissent donc le niveau de gain de productivité, réduisant les profits des entreprises, ce qui handicape la création d'emplois par le privé », résume Jean-Michel Six.

Que pouvons nous faire

☐ Former des citoyens bénévoles, disposant de méthode, pour redonner le sens de leur utilité, à des milliers de chercheurs d'emploi, expression d'une société bienveillante, inclusive, ou la fraternité se vit au même titre que liberté et égalité.

☐ Revenir à un niveau de protection plus raisonnable Le chômage coûte d'autant plus cher, que la France a la durée d'indemnisation la plus longue (2 ans, et 3 ans au-dessus de 50 ans) et le montant d'indemnisation le plus élevé (le maximum est à plus de 6000 euros/mois). Ce système n'incite pas à se battre pour retrouver rapidement un emploi. L'un des vrais problèmes à régler c'est, d'une part, le manque de compétences des chômeurs, qui ont une qualification insuffisante, et, d'autre part, peu de pénalités pour les chômeurs inactifs.

☐ Définir un niveau de sanctions dissuasives pour les bénéficiaires qui abusent du système

☐ Donner à Pôle Emploi plus de moyens pour sanctionner un chômeur qui ne se donne pas assez de mal pour trouver un travail: une radiation de 15 jours, qui ne fait que décaler, dans le temps, le versement de l'allocation. Pour durcir les sanctions, Pole Emploi est obligé de constituer un dossier qui est envoyé au Préfet, seul compétent. Procédure trop lourde. C'est Pole Emploi qui devrait gérer ce type d'affaires.

☐ Indemniser, au même salaire que durant son activité, le chômeur pendant 6 mois. Réduction de 50% à partir de 6 mois et arrêt d'indemnisation au bout d'un an.
Pas de réduction de 50% au bout de 6 mois pour les chômeurs qui se forment dans les secteurs d'avenir.

☐ Permettre à l'entreprise de mieux gérer des cycles mouvants et un environnement économique mondial variable. Redonner à Pole Emploi la maîtrise de la gestion des allocataires.

☐ Réduire les allocations. La Cour des Comptes selon Visot (2016) alerte sur la situation financière de l'Unedic et préconise de réduire les allocations, suggére la taxation des prestations familiales et la maîtrise des dépenses de personnel dans les Collectivités Territoriales.

□ Robotiser, car selon le think tank « La Fabrique de l'industrie », cité par Lachèvre (2016), il est démontré dans une étude de décembre 2015, qu'il n'y pas de corrélation entre le nombre de robots par salarié et la destruction des emplois industriels. « En augmentant la productivité, les robots encouragent l'investissement des entreprises, donc stimulent l'activité économique en soutenant la demande », expliquent-ils. De quoi laisser supposer que l'industrie du futur « pourrait être un levier pour réindustrialiser la France».

Ce sont les chômeurs qui paient la politique culturelle de la France : normal, vous dites ?

Selon François Xavier Piétri (2016), dans l'assurance chômage, ce qui coûte cher, ce ne sont pas les indemnités chômage, mais plutôt
- les CDD et l'intérim entre les CDD, qui n'ont pas grand-chose à voir avec le chômage,
- le 1 Milliard d'Euro remis aux 250 000 intérimaires privés du spectacle.
Nous devons donc bien comprendre que les salariés du privé financent la politique culturelle de la France. Si les cotisations versées à l'Unedic servaient uniquement à indemniser les chômeurs, l'Assurance chômage serait bénéficiaire de 77 000 000 Euros et c'est aux chômeurs à qui on demande un effort.
Et pourtant, c'est Pôle Emploi, que la Cour des Comptes a durement épinglée. On s'aperçoit, à cette occasion, que les agents de Pôle Emploi ont bénéficié d'augmentations de 16% de 2009 à 2011. Quant à l'efficacité de leurs prestations la Cour a constaté un résultat trop modeste. En vérité, c'est tout un audit chômage qu'il faut lancer et replacer les intérimaires et les artistes dans les postes correspondant à leurs spécifications afin de donner à Pôle Emploi plus de lisibilité.

4.5. Du courage pour dire oui à la Prime d'Activité *avec* un travail collectif.

Deux millions de personnes touchent la Prime d'Activité, certaines avec une activité, la majorité sans aucune activité, en tout cas, déclarée. Pour ces personnes, il semble juste de conditionner l'attribution de la Prime d'Activité, socle à un travail d'intérêt collectif (par exemple à mi-temps), selon les besoins définis par les mairies.

Depuis le 1er janvier 2015, les montants de la Prime d'Activité ont été augmentés de 0,9 % par rapport au RSA fin 2014 devenu Prime d'Activité versée sans contrepartie. Chaque année au 1er janvier, la Prime d'Activité est en effet augmentée d'un taux correspondant à celui de l'inflation prévisionnelle pour l'année à venir, et ce afin de prendre en compte l'évolution des prix.

La prime d'activité a remplacé à cette date la prime pour l'emploi et le RSA activité. Ces deux aides ne sont plus versées en 2016. Elle est portée par Décret n° 2015-1710 du 21 décembre 2015 et revalorise le montant forfaitaire du revenu de solidarité active à 524.16 Euros.

Selon Lavorel (2016), la démarche pour bénéficier de la prestation a été très simplifiée : simulateur en ligne, dématérialisation intégrale de la procédure de demande. Le montant de la prime est arrêté pour une durée d'un trimestre, donnant plus de visibilité aux bénéficiaires. Le remplacement des minima sociaux, par un revenu de base universel, fait partie des options envisagées, au moins sur le papier, par la mission du même Christophe Sirugue. Celui-ci s'est vu confier par le gouvernement une réflexion pour simplifier les neuf minima sociaux actuels. D'ici au mois de mars, selon Lavorel (2016), il planchera sur différents scénarios, allant de la réforme de faible ampleur jusqu'à une refonte totale des minima sociaux au sein d'un revenu universel de base. Mais le changement philosophique et pratique qu'une telle réforme impliquerait, rend cette option maximaliste très improbable.

Que pouvons nous faire

☐ Nous approuvons les mesures prises par le Conseil territorial du Haut Rhin pour offrir aux bénéficiaires de la prime d'activité une activité correspondante. Cette activité est positive car elle remet les indemnisés dans le circuit et leur donne, peut être, une chance de se réinsérer. Quelque soit les résistances légales, juridiques ou institutionnelles, il convient d'appliquer cette mesure dans tout le pays.

☐ Le gouvernement a décidé d'augmenter désormais toutes les prestations sociales au 1er avril 2016, du coup, pas de hausse du RSA au 1er janvier 2016. Idem pour les aides du logement. Le coût du RSA s'élevait à 10 Milliards en 2015 avec des progressions de 9% entre 2012 et 2014. Si l'on prend en compte le RSA, l'APA (allocation personnalisée d'autonomie) et la prestation de compensation de handicap (PCH), ces dépenses sociales représentent près de 30% du budget de fonctionnement des départements. Le gouvernement devra faire un effort pour éviter de grosses résistances des autorités locales.

4.6. Du courage pour dire oui a un Smic adapté, oui a une politique qui déclenche l'emploi de tous, *et surtout*, les non qualifiés.

Ou est l'erreur ?

La France fait partie des pays qui interdisent l'embauche en dessous d'un salaire minimum (à la différence de l'Allemagne, de la Grande-Bretagne, etc...), et, de plus, le Smic français est plus élevé que partout ailleurs. Cherchons l'erreur ! C'est l'une des raisons majeures du chômage, car beaucoup de personnes, notamment des jeunes, ne sont pas assez qualifiées pour justifier le coût d'une embauche au Smic.

Avec un Smic plus bas, les smicards actuels ne souffriraient pas nécessairement, leur salaire restant inchangé. Mais les chômeurs peu qualifiés auraient une meilleure chance de trouver un emploi, fût-il moins bien payé, et pourraient progresser, par la suite. **L'important étant de mettre le pied à l'étrier (oui c'est cela qui est important) pour se développer à l'intérieur d'une entreprise. Une fois dans l'entreprise, tout est possible.**

Le montant du Smic (tout comme celui du minimum garanti) est réévalué au moins une fois par an. Le nouveau montant du Smic 2016 traduit une augmentation de 0,6 % (+ 0.80 l'année dernière) sans coup de pouce supplémentaire. La hausse du Smic impacte donc peu les revenus mensuels des personnes qui touchent le Smic.

Que pouvons nous faire

☐ Ajuster un « SMIC sans qualification » un peu plus bas à un niveau **qui permet de recruter des chômeurs sans qualification**s et maintenir l'autre SMIC pour des ouvrier ou employés avec une expérience.

4.7. Du courage pour dire non aux emplois aidés

Les emplois aidés ne conduisent guère à l'emploi ou à des contrats de travail. Ils aboutissent parfois à des situations de concurrence déloyale entre une association et une entreprise privée. C'est l'Etat qui paye, certes, mais les dépenses de l'Etat sont, au final, payées par l'appareil productif (les entreprises). Nous ne pouvons pas continuer ainsi, car ces emplois aidés ne conduisent pas, ou peu, à la signature de contrats, encore moins de CDD ni CDI...

Que pouvons nous faire

☐ Arrêter les emplois aidés.

☐ Développer la formation tous azimuts, dès 14 ans.

☐ **Faire de la formation par alternance** *la voie royale* **en stigmatisant le fait que c'est la garantie de l'emploi.**

☐ Informer les élèves par des personnels spécialistes. Les élèves, à l'Ecole, doivent être informés par des personnels de la Formation Continue et de l'Enseignement Professionnel **des possibilités offertes par l'alternance**, **cette success story à l'Allemande.**
Nous ne pouvons plus laisser à l'Education Nationale le monopole de l'information sur les carrières, car les Maîtres et les Professeurs ont tendance à pousser les élèves à aller jusqu'au Baccalauréat (probablement à juste titre), mais dans certains cas, il aurait mieux valu orienter, dès 14 ans des élèves en perdition pour éviter un gâchis monstre.

4.8. Du courage pour dire non au compte pénibilité.

L'organisation sous forme de fiches individuelles, par salarié, pour mesurer l'exposition aux dangers, travaux, températures permettant d'alimenter le compte pénibilité est particulièrement coûteuse dans des secteurs comme le BTP, la construction navale ou la sidérurgie. Un nouveau fardeau, bien français, qui pénalise le développement des entreprises de ce pays.

Pour l' année 2015, les salariés exposés sont ceux qui effectuent (articles L351-1-4 du code de la Sécurité Sociale et D4121-5 du Code du Travail) selon Roucous (2015) :

- le travail de nuit (le seuil déclencheur est fixé pour le travail de 24 heures à 5 heures alors que le travail de nuit est défini par le code du travail de 21 heures à 6 heures),
- le travail répétitif,
- le travail en équipes successives alternantes (3 x 8),
- le travail en milieu hyperbare c'est-à-dire dans un milieu où la pression est supérieure à la pression atmosphérique.

A partir du 1er janvier 2016, six autres facteurs de risques professionnels seront pris en compte pour la pénibilité :

- les manutentions manuelles de charges,
- les postures pénibles,
- les vibrations mécaniques à risque de lombalgie, de traumatisme de la colonne vertébrale, de troubles vasculaires, neurologiques, musculaires (arthrose, arthrite), respiratoires, dermatologiques,
- l'exposition à des agents chimiques notamment les pesticides,- l'exposition aux températures extrêmes,
- l'exposition au bruit.

Que pouvons nous faire

☐ Supprimer purement et simplement le compte pénibilité. Encore une idée unique au monde (Guinness Book of Records ?) dont on se serait bien passé. Comment faire la différence pour un conducteur de tracto-pelle lorsqu'il roule sur une route classique ou sur un chantier qui déclenche des vibrations. Comment et ou mesurer ? C'est pourtant ce qui devrait être fait. Vous, si vous étiez chef d'entreprise, vous vous demanderiez comment traiter le problème et aussi quel en est le coût ? Encore des charges sur les entreprises !

☐ Revaloriser la notion de travail. A cette occasion, on s'aperçoit que la bonne santé, on la garde lorsqu'on travaille. Avec la retraite et l'arrêt d'activité, passé les premiers mois enthousiasmants, les nouveaux retraités reviennent sur le site de leurs exploits avec quelques regrets et l'impression de moins diriger leurs vies.

Chapitre 5 Le développement personnel, enfants, éducation, insertion

5.1. Du courage pour rendre aux familles ce qu'on leur doit

5.2. Du courage pour relancer l'investissement pour les jeunes

5.3. Du courage pour offrir plus de responsabilisation pour les chefs d'établissements

5.4. Du courage pour ouvrir nos portes aux étrangers

5.5. Du courage pour l'insertion sociale des quartiers

« La paresse s'entretient par le repos, le courage s'entretient par la fatigue ».

Proverbe chinois.

5.1. Du courage pour rendre aux familles ce qu'on leur doit

Le Premier Ministre Ayrault annonçait en 2013 l'abaissement du plafond du quotient familial qui est passé de 2 000 euros à 1 500 euros par demi-part fiscale. Cette mesure a touché des familles un peu plus aisées en nivelant à la baisse les avantages fiscaux de ces ménages. Le gouvernement n'a pas touché aux allocations, mais au quotient familial.

Alors que les deux solutions étaient débattues, le gouvernement a préféré une augmentation des impôts pour les familles un peu plus aisées, au lieu de toucher à l'universalité des allocations.

Deux prestations ont été revalorisées. Pour 385 000 familles vivant sous le seuil de pauvreté, le complément familial sera majoré. De même, l'aide versée aux familles monoparentales a été relevée de 25%, en plus de l'inflation, à l'horizon 2017. Enfin le gouvernement a annoncé 275 000 places en plus, dans les crèches, au cours des cinq prochaines années.

La réduction des allocations, l'abaissement du quotient familial, la réduction des prestations pour le jeune enfant ont bel et bien détruit la politique familiale de la France, pourtant positive depuis 1938, selon Rioufol (2015). Du coup 16000 bébés manquaient à l'appel à fin Septembre.

Bernard Accoyer interviewé par Deborde (2015) rappelle que la politique familiale a coûté plusieurs Milliards: la révision répétée du quotient familial à la baisse, la diminution des facilités faites pour la garde des jeunes enfants, la diminution globale des allocations familiales».

L'Unaf, l'Union nationale des associations familiales, dans un communiqué daté du 29 septembre 2015, qui regroupe plusieurs mouvements familiaux évalue à «plus de 4 milliards d'euros» la baisse des prestations familiales. (on y retrouve notamment la baisse du quotient familial et le complément mode de garde («les facilités faites pour la garde des jeunes enfants»).

Que pouvons nous faire

☐ Revenir sur ces décisions (réévaluation des allocations, retour du quotient familial, réévaluation des prestations pour le jeune enfant) car on s'aperçoit d'un énorme manque à gagner ressenti par l'ensemble de la population, déclenchant une baisse de la natalité, l'un de nos points forts. C'est vraiment le type même de mauvaise décision.

5.2. Du courage pour relancer l'investissement pour les jeunes

Nous savons depuis longtemps que les plus de 60 ans disposent de plus de la moitié (55 %) du patrimoine foncier. Compte tenu de la baisse des taux de remplacement selon de Monterno (2015), les seniors vont devoir toucher à leur patrimoine.

L'héritage étant de plus en plus tardif, un rythme de donations en exonération de charges, tous les 5 ans, au lieu de tous les 15 ans aujourd'hui, serait de nature à relancer les investissements, dans l'immobilier

Il serait, aussi, intéressant de faciliter les donations aux petits enfants.

Avec une donation supplémentaire de 5% du patrimoine, pour les plus de 55 ans disposant d'un bon patrimoine (autres que la résidence principale ou l'épargne), cette mesure permettrait de mobiliser 85 Milliards € sur 10 ou 15 ans.

Que pouvons nous faire

☐ Exonérer les charges sur les donations.

☐ Faciliter plus de donations aux petits enfants.

☐ Diminuer la fiscalité sur le capital (elle est 5 fois plus importante que sur le revenu et fait fuir tous les investisseurs).

5.3. Du courage d'offrir plus de responsabilisation pour les chefs d'établissements

Mieux éduquer pour mieux former

Parmi les jeunes Français, un jeune sur sept n'est ni dans l'emploi, ni en études, ni en formation. Quant à ceux qui finissent par trouver un emploi, leur contrat est majoritairement un CDD et la pauvreté touche 23 % des jeunes de 18 à 24 ans contre 14,3 % des Français en général. Des décisions doivent être prises. Permettre aux jeunes de sortir de l'Education Nationale pour rentrer dans le monde du travail à partir certainement de 16 ans voire de 14 ans

Éducation nationale : la responsabilisation.

Une responsabilisation du chef d'établissement avec un champ accru de décisions.
Objectif: désengorger l'éducation nationale noyée, sous une montagne de hiérarchie, qui ne sert pas, lorsque l'on constate les résultats des français dans les classements mondiaux.

Éducation nationale : la France ne peut pas être fière de son Ecole.

Dans le classement mondial PISA des Écoles, la France est parmi les moins bien classés dans le monde : 25e position sur 40 en mathématiques, 21 ème en compréhension de l'écrit, 26 ème en sciences dans le dernier classement Pisa (Programme for international student assessment). Deux places de perdues en mathématiques et une place de perdue en sciences par rapport à la précédente enquête d'évaluation internationale des acquis des élèves de 15 ans, lancée en 2000 et menée tous les trois ans dans les pays de l'OCDE et de leurs partenaires. Un score médiocre pour la 6e puissance économique mondiale. Les 7 premiers sont asiatiques. Suivent globalement les Européens, avec la Russie à la 34 ème position et les USA à la 36 ème. Ce n'est pas une raison de se relâcher.

Selon Zemmour (2010), les recettes des écoles d'excellence les mieux classées sont simples: beaucoup de travail pour les enfants, privilégier le « par cœur » plutôt que les activités d'éveil, motivation par les notes et les classements, la blouse ou l'uniforme pour tous.

Une école injuste

L'école française ne compense plus du tout les différences sociologiques et économiques. Les enfants de cadres et surtout de professeurs y règnent sans partage. Un implacable constat d'échec pour l'école de la République

Elle est aussi l'une des plus inégalitaire du monde selon Soulé (2013) : un enfant de milieu défavorisé risque plus que les autres de redoubler son CP, d'accumuler du retard, de se retrouver perdu au collège et finalement, de décrocher.

Selon Piquemal (2015), leszdeux jeunes chercheurs, Son Thierry Ly et Arnaud Riegert, rattachés à l'Ecole d'Economie de Paris, ont passé à la moulinette Excel, deux indicateurs : l'origine sociale de toute une génération d'élèves entrés en sixième (c'est-à-dire la catégorie sociale professionnelle, CSP des parents) et leurs résultats au brevet, quatre ans après, seul indicateur permettant d'avoir une idée de leur niveau scolaire.

Dans un monde où la mixité sociale serait parfaite, chaque élève aurait, dans son établissement, 22% de camarades venant de familles aisées. Dans les faits, on en est loin. Les élèves de CSP + (parents cadres, profs, chefs d'entreprise, etc.) comptent, en moyenne, dans leur établissement, près de deux fois plus d'élèves venant, comme eux, d'origine aisée, que d'élèves de classes moyennes ou populaires.

Selon Raoult (2014), l'école a échoué : 150 000 jeunes sortent chaque année du système, sans diplômes, l'objectif fixé en 1985 d'amener 80 % d'une classe d'âge au bac n'est toujours pas atteint (77,3 % en 2014) et, parmi ceux-là, seule la moitié est ensuite diplômée du supérieur (43,6 % en 2012). En outre, le système ne fait que reproduire des inégalités criantes : quand les enfants de cadres ou d'enseignants sont 76 % à obtenir au minimum un bac+2, ils ne sont que 20 % parmi les enfants d'ouvriers ! Il s'agit là de la conséquence de la sélection qui s'opère année après année.

C'est l'une des mesures phares annoncées par la Ministre pour répondre aux besoins : 1 000 professeurs doivent être formés à la laïcité avant la rentrée prochaine. Une goutte d'eau, diront certains au regard des 64 000 établissements scolaires français et du Million de Professeurs.

C'est à la Maternelle que tout se joue

23 700 élèves supplémentaires étaient scolarisés en primaire à la rentrée 2 015, dont 3 300 enfants de deux ans. Cette poussée démographique est particulièrement forte dans les grands centres urbains populaires. 34 000 élèves ont été accueillis dans le premier degré en septembre dernier.

Les premières années de scolarisation sont l'occasion de tisser les premiers liens avec les familles, notamment celles qui ne se sentent pas naturellement à l'aise avec l'école, selon Sihr (2014). Il faut aussi mettre en place des conditions adaptées à la scolarisation des très jeunes enfants. Priorité doit être donnée au langage. Cela a une influence sur les effectifs, puisque notre maternelle compte plus d'une classe sur deux de plus de 25 élèves, 7 000 classes en comptent même plus de 30. C'est, non seulement, une question de climat pour travailler dans le calme et avec de l'espace, mais surtout, une plus grande disponibilité des enseignants pour porter une meilleure attention à chacun.

Selon Dupont (2015), Bruno Lemaire propose dans le cadre de l'éducation quinze heures d'enseignement du français par semaine en primaire, une option professionnelle dès la sixième, un volume horaire plus élevé pour les enseignants, mieux rémunérés.

Impliquer les élèves dans la propreté de leur école ? Les élèves agents de nettoyage ? Une mesure civique ?

La commune allemande d'Hildesheim a décidé de vraiment économiser sur tous les sujets. Dans ce cadre, elle a adressé aux 27 Directeurs des établissements publics de la ville, une note expliquant que les agents de nettoyage n'assureraient plus que 2 fois par semaine, au lieu de cinq fois, le ménage des établissements, les élèves assurant le ménage les autres jours, dans un esprit de civisme et d'attention à « leur » école. Le message du ménage est mal passé auprès des parents qui ont exprimé leur colère. Du coup, la mairie a dû revoir sa communication et parler de démarche pédagogique. Ce genre d'action (faire une partie du ménage par les élèves) est, pourtant, très fréquent en Allemagne (comme dans la ville de Hambourg) et ne choque personne.

Que pouvons nous faire

☐ Personnaliser les parcours des élèves en revenant sur le collège unique.

☐ S'adapter à l'enfant plutôt que de lui coller des modèles tout faits, inadaptés.

☐ Détecter les difficultés. Il est tout de même incroyable de voir des écoles juger qu'un enfant ne suit pas en classe ou se trouve en décalage par rapport à la classe et que le professeur ne détecte le problème que tardivement

☐ Apprendre les bases. On garde en tête l'idée selon laquelle il faut une bonne dizaine d'heures de français par semaine (voire 15 heures), une option professionnelle, dès la sixième, et un nombre d'heures de cours plus élevé et mieux rémunéré pour les enseignants, avec plus d'autorité.

☐ Uniformiser les tenues. Uniforme pour tous les élèves jusqu'au Bac afin d'aplanir les différences sociales trop visibles dans l'habillement.

☐ Assurer la securité. Former TOUS les élèves aux premiers gestes de secours et enseignement du code de la route pour tous.

☐ Orienter les élèves dans l'apprentissage dès 16 ans, voire 14 ans. **Tous les élèves doivent pouvoir trouver une voie dans l'apprentissage, comme en Allemagne.** Nous sommes bien conscients que l'éducation nationale freine les candidats à l'apprentissage,

- d'une part en ouvrant le moins possible de classe à l'apprentissage avec le moins possible de place
- d'autre part en encourageant plutôt les élèves à aller jusqu'au Bac.

☐ Sélectionner pour mieux orienter : la préoccupation aujourd'hui c'est l'employabilité.

☐ Développer des cursus sélectifs : les familles demandent des cursus sélectifs car elles recherchent des formations de qualité.

☐ Construire un parcours : laissons aux étudiants la liberté de construire un parcours professionnel.

☐ Impliquer les élèves dans l'entretien de leur école.

Cette question de l'apprentissage est cruciale pour l'avenir de notre pays. Le Président devra mettre en avant l'apprentissage en priorité et s'assurer qu'il ou qu'elle est suivi (e).
Les applications dans l'apprentissage pourraient consister à développer l'usage de pratiques manuelles et la visite d'ateliers ou d'artisans en classe. Moins de philosophie et plus de sens pratique. *Développer l'esprit d'entreprise chez les jeunes*. Développer la culture générale, mais assurer une bonne compréhension du monde du travail au travers de plus d'entreprise, plus de réalisme car malheureusement les idées fausses induites durant la scolarité produisent de futurs chômeurs car ils n'avaient pas compris comment aborder et vivre efficacement dans une entreprise, source d'épanouissement personnel.

5.4. Ouvrir nos portes aux étudiants étrangers

L'université accueille un grand nombre de jeunes dans le supérieur (1,4 million au total), issus de tous les milieux. Selon Tapie (2011), la compétition mondiale valorise l'influence respective de chaque pays pour attirer les meilleurs étudiants pour y travailler. Ces efforts ont pour objectif non seulement d'étudier, mais aussi, de faire partager une culture, ouvrir à des fournisseurs locaux et engager des partenariats sur du long terme. A ce titre, l'image de la France est plutôt bonne.

La question essentielle est le financement des études. Sachant que le coût moyen des études est de 11 000€ par an, Tapie (2011) propose que 80% des étudiants paient 125% de cette somme pour que 20% puissent disposer de bourses gratuites sur critères sociaux et/ou de mérite. Actuellement nous recevons gratuitement 250 000 étudiants. Avec ce système, on pourrait en accueillir 750 000 en assurant la gratuité pour la moitié, l'autre moitié payant 13 500€ par an. Ces chiffres sont à comparer avec les universités américaines et un chiffre moyen de droits à 50 000€ jusqu'à 100 000 € par an aux USA.

Les impôts des Français n'ont pas à financer des études de familles étrangères qui sont parfois prêtes à payer le double aux USA. Ce qui veut dire aussi que la formation devrait se faire pour tous en anglais, avec une <u>formation obligatoire au français</u>.

Une bonne nouvelle : la France est attractive

Selon Piquemal (2015), les étudiants étrangers disent du bien de la France. «Rare par les temps qui courent», sourit Emmanuel Rivière de TNS Sofres, qui présentait les résultats d'un baromètre sur l'image et l'attractivité de la France auprès des étudiants étrangers.

Aujourd'hui, ils sont 289 000, venus des quatre coins du monde étudier dans nos écoles et universités françaises. La France jouit toujours d'une bonne attractivité.

Nous sommes le troisième pays attirant le plus d'étudiants étrangers, (loin) derrière les Etats-Unis et le Royaume-Uni. Sur les 289 000 étudiants étrangers présents en France, 46% viennent du continent africain, dont la moitié du Maghreb. 25% sont originaires d'Europe, 17% d'Asie contre 8% du continent américain (nord et sud). Et 4% du Moyen-Orient, surtout du Liban. Au total, les étudiants étrangers représentent 12% du total des étudiants en France.

Et si l'on parlait Français ?

«Pourquoi avez-vous choisi de venir étudier en France ?» Un étudiant interrogé sur deux répond : «pour la qualité de la formation». «Il y a une deuxième raison qui surgit nettement et de manière croissante par rapport au précédent baromètre». Il s'agit de la langue française, un critère décisif pour 42% des sondés.

Faut-il en déduire que la loi Fioraso qui autorise largement les cours en anglais, va à l'encontre de l'attractivité de la France, comme le dénonçaient certains ? Nous ne pouvons pas tirer de telles conclusions à partir de cette enquête. N'ont été interrogés que des étudiants qui ont déjà choisi la France, qui s'apprêtent à venir, qui y sont, ou qui y étaient. Pour répondre à cette question, il aurait fallu poser la question à ceux qui n'ont pas choisi la France».

Que pouvons nous faire

Formation professionnelle: former pour l'expertise, tous experts ...

☐ S'employer à l'organisation d'une formation professionnelle pour les très jeunes (14 ans). Cette formation ne plait pas à l'école. Il faudra renforcer l'apprentissage que la gauche ou l'Education Nationale démolit systématiquement (Dupont, Lefebvre 2015).

☐ Renforcer l'apprentissage de tous, principalement dans des secteurs demandeurs de main d'œuvre, pour les chômeurs: BTP, hôtellerie, métiers de la viande, plomberie, aéronautique, informatique, mécanique, sciences, ingénierie, énergies marines, éoliennes, offshore, biomasse, techniciens et ingénieurs matériaux bio sources, bio procédés, méthanisation, efficacité énergétique, techniciens RSE (responsabilité sociétale de l'entreprise) ou QHSE (qualité, hygiène, sécurité environnement), isolation, récupération de chaleur, ingénieurs thermiques, génie thermique (Chaudeau 2015).

☐ Former à partir de 40 ans : formation sélective et obligatoire, adaptée aux nouveaux besoins des entreprises.

☐ Accompagner par une aide prioritaire les TPE et PME.

☐ Réformer la formation dont les structures, trop lourdes, plombent le dynamisme et protègent des syndicalistes salariés comme patronaux.

☐ Revoir les structures paritaires dans tous les domaines dont la pratique est stérilisante et vieillotte, source de retard et de conflits.

5.5. Du courage pour l'insertion sociale des « quartiers ».

Pour les banlieues, la fracture ne s'est pas faite entre juifs et arabes, sunnites et chiites, noirs ou blancs du quartier, c'est avec le reste du pays qu'elle se fait. Et les propres enfants de ces banlieues sont, eux-mêmes, en dehors de cette société. C'est cette mise hors jeu, d'office, qui véhicule la haine et crée des Coulibaly ou des Kouachi.

Ces jeunes méritent des cours de soutien scolaire, d'éducation à la citoyenneté, des forums pour l'emploi, de prise en main des décrochages, des entraînements sportifs adaptés et des pensionnats organisés pour leur donner une chance de s'émanciper de l'ambiance générale, peu propice au développement personnel dans les banlieue. **Ils ont le droit de se faire former par des jeunes, en service civique, sur des sujets comme : « comment présenter les grandes écoles d'ingénieurs ou de commerce". Ils ont le droit de savoir « comment tirer parti des bourses » qui peuvent être octroyées.**
Ils ont beaucoup de droits qu'ils ignorent et, c'est à ceux qui savent, de les former et de leur montrer le chemin. **C'est un acte de justice sociale d'offrir aux moins chanceux les mêmes moyens que les plus chanceux d'entre eux.** Et, c'est à ce titre, que le service civique peut être une porte d'entrée pour les banlieues, dans un monde qu'ils ne connaissent pas et ne comprennent pas. Des exemples multiples, dans tous les domaines, montrent qu'il n'y a pas de fatalité à naître en banlieue. L'éducation et l'exemple de ceux qui ont réussi dans leurs villes ou leurs quartiers est la clé pour tous ces jeunes. Enfin, il convient de déconstruire un discours victimaire répandu dans les têtes de nombreux jeunes.

On ne voulait surtout pas en parler : la fac de riches était une chance pour les jeunes des « quartiers »

Pour la petite histoire, depuis 1995, Charles Pasqua, s'est toujours efforcé de développer un projet social d'éducation au Pôle Universitaire Léonard de Vinci, un petit peu plus tard (en 2005) que Sciences Po (en 2001). Je suis bien placé pour le savoir avec une expérience de 22 ans, depuis la création de cet établissement. Charles Pasqua a été vertement critiqué pour avoir monté une « fac de riches ». Je dirais « un établissement qui avait de gros moyens pour former des jeunes, pas toujours l'élite, et les faire réussir ». Mission, accomplie au terme d'une vingtaine d'année au cours desquels, ces nombreux jeunes des quartiers sont venus, ont été formés et ont réussi dans la vie. Bravo Charles Pasqua pour votre esprit visionnaire, votre générosité à l'égard des jeunes, auprès de qui et parmi lesquels vous étiez heureux.

Que pouvons nous faire

☐ Parrainer des jeunes. Le parrainage de 100% des jeunes des quartiers par d'autres jeunes, en 4 ème ou cinquième année d'études, serait de nature à résoudre bien des complexes des jeunes de banlieue. Il appartient au Ministère de l'Education Nationale et des Universités d'introduire cette fonction "parrainage" dans les programmes des étudiants en master I ou II pour résoudre bien des difficultés.

☐ S'exfiltrer de l'apartheid social. L'école républicaine reste la porte de sortie la plus sûre pour s'exfiltrer de "l'apartheid social" propre à Monsieur Manuel Valls, Premier Ministre.

Chapitre 6. Les sujets d'actualités

6.1. Du courage pour booster le tourisme en France

6.2. Du courage pour aider notre médecine d'exception

6.3. Du courage pour la nationalité Française

6.4. Du courage pour l'ouverture des magasins le Dimanche

6.5. Du courage pour lancer des referendums populaires

6.6. Du courage pour aider les banlieues

6.7. Du courage pour développer les villes sans pétrole

6.8. Du courage pour changer la donne sur les aides

6.9 .Du courage pour travailler les jours fériés

6.10. Du courage pour l'athéisme une religion d'Etat

6.11. Du courage pour l'Europe

6.12. Du courage pour la politique étrangère (Irak, Syrie, Egypte, Iran,
       Russie, Turquie, Allemagne, Grèce)

6.13. Du courage pour une régulation du commerce mondial

6.14. Du courage pour une meilleure politique sécuritaire

6.15. Du courage pour regarder en face les leçons à tirer du 11 Janvier et du 13 Novembre

6.16. Du courage pour faire face à l'immigration

6.17. Du courage pour parler de laïcité

6.18. Du courage pour choisir entre révolution et démocratie

6.19. Du courage pour le choix des mots

6.20. Du courage pour faire la synthèse entre écologie et Développement
        durable
6.21. Du courage pour une agriculture compétitive
6.22. Du courage pour reconstruire nos infrastructures

Du courage pour conclure
Du courage pour trouver quelques messages possibles pour la France
Du courage pour trouver quelques messages possibles pour les Français

Toute campagne guerrière doit être réglée sur le semblant ; feignez le désordre, ne manquez jamais d'offrir un appât à l'ennemi pour le leurrer, simulez l'infériorité pour encourager son arrogance, sachez attiser son courroux pour mieux le plonger dans la confusion : sa convoitise le lancera sur vous pour s'y briser. Sun Tzu.

6.1. Du courage pour booster le tourisme en France

Christine Lagarde et Luc Châtel ont lancé en 2008 le projet "Destination France 2020" pour faire de la France le leader européen en termes de recettes selon Jacquot, de La Chesnais (2008). Pour attirer les étrangers, nous devons adapter notre offre, en particulier l'accueil, ainsi que les modes d'hébergements, selon les nationalités, russes, chinois, indiens.
C'est pourquoi, la Caisse de Dépôts et Consignations (CDC) s'étant désengagée du Club Méditerranée, à la suite de l'OPA de Fosun, elle présente une plateforme d'investissement visant à mobiliser un Millard d'Euros en 5 ans, par 3 dispositifs parallèles et complémentaires selon Palierse (2015) pour attirer les touristes étrangers :
- Les hébergements touristiques.
- Les équipements du territoire (ports de plaisance, parcs d'exposition et de congrès).
- Les entreprises ainsi que l'e-tourisme.
La CDC reste incontournable pour la rénovation du parc des stations de ski, afin de ralentir le phénomène des « lits froids » (pas de clients). Reste quelques questions à résoudre sur la réservation électronique, sur l'hébergement de type « Booking » ou AIRBNB et l'influence des chinois, par l'exemple du rachat du Louvre Hotels Group par Jin Jiang comme des indiens et russes dans d'autres domaines.

Le tourisme industriel

Selon Lerouge (2015) le podium des pays d'accueil laisse la France à la traîne. Les États-Unis s'en octroient 25 %, l'Allemagne 17 % et le Royaume-Uni 8 %. La Chine n'arrive, contre toute idée reçue, qu'en dixième position.

Selon Pujadas (2014) pour les entreprises étrangères qui investissent en France, elles mettent en balance les possibilités de développement, notamment économiques, par rapport aux inconvénients ou aux lourdeurs qu'il peut y avoir dans le code du travail. Les investisseurs cherchent plutôt à miser sur une main d'œuvre technique, voire sur la robotisation. Ils plébiscitent, aussi, la qualité des autoroutes françaises, le coût du transport étant toujours plus lourd.

Que pouvons nous faire

La France est le pays le plus visité au monde, nous pouvons le comprendre. Du coup, il s'agit **pour nous tous**, de valoriser notre capital tourisme :

☐ Apprendre et parler en Anglais avec les étrangers.

☐ Accueillir les étrangers dans tous les domaines en leur donnant des idées de visite mais aussi de développement professionnel et industriel en France en se rappelant que la France est l'un des pays qui accueille le plus d'entreprises au monde.

☐ Privilégier la fonction de guide auprès de tous les étrangers.

☐ Etre à la disposition des étrangers qui cherchent leur chemin chez nous.

6.2. Du courage pour aider notre médecine d'exception: valoriser les actes, les personnels et l'organisation.

La médecine vit difficilement, selon Guichard (2016), la lutte contre les dépassements d'honoraires, le tiers payant généralisé et la loi de santé du Gouvernement. Il faut dire que le gouvernement s'est appliqué, durant quatre ans, à «combattre le renoncement aux soins, pour raisons financières» en malmenant les médecins.

Ainsi, la Haute Autorité de Santé s'est penchée sur les erreurs de prescriptions de médicaments dans les hôpitaux, en particulier sur les médicaments que prennent les patients avant d'entrer. Bilan inquiétant. Selon Favereau (2015), la Haute Autorité de Santé a lancé une nouvelle expression: la « conciliation médicamenteuse ».

Il s'agit de *«concilier»* les médicaments pris par le patient avant d'entrer à l'hôpital avec ceux qu'il va recevoir lors de son séjour. Et éviter ainsi des erreurs, des doublons, voire des arrêts intempestifs, etc.

L'erreur la plus fréquente étant, alors, l'omission d'un médicament (46%), suivie par les erreurs de dose (25%), de fréquence de prise (17%), ou de médicament (11%). La dégradation de l'état clinique, lié à ces erreurs, a été jugée modérée dans un tiers des cas, mais sévères dans 6% environ.

L'hôpital est devenu un lieu de charité où on traite toute la misère du monde. Cela devrait être le lieu de l'excellence des soins selon Dupont (2015).

Que pouvons nous faire

☐ Lancer une réflexion sur la revalorisation des actes, revoir la nomenclature des actes médicaux. Poser les vraies questions sur la fin de vie, le suicide légalement accompagné.

☐ Redéfinir l'assistance médicale: la fin du tout gratuit pour les étrangers, ni aide médicale pour les étrangers sans contrepartie financière.

☐ Vendre à l'unité :vente de médicaments à l'unité comme en Suisse ou aux Usa.

☐ Réviser les honoraires des médecins généralistes à la hausse.

☐ Remettre à jour les comptes de la SS (transparence des comptes).

☐ Décider que les arrêts de travail devraient être décidés par le médecin de famille validé ensuite par le CPAM car il peut y avoir conflit d'intérêt.

6.3. Du courage pour la nationalité française

La question consiste à se demander, si en France, on peut avoir une double nationalité. La réponse devrait être non, comme nos voisins allemands.

L'appartenance à la citoyenneté française devrait être le fruit d'un examen de passage suffisamment complexe, afin de s'assurer que les impétrants aient vraiment envie de devenir français (voir l'exemple américain).

Quant à la question de la déchéance de nationalité, nous sommes pour cette déchéance pour le bi-nationaux. Mais contre le retrait de la nationalité à un citoyen Français, le rendant apatride.

Que pouvons nous faire

☐ Contrôler les cartes de séjour : les immigrés sans carte de séjour n'ont aucune raison de rester sur le territoire.

☐ Suivre le regroupement familial et **contrôle** des regroupements existants.

☐ Limiter le droit d'asile à 6 mois.

☐ Faire disparaître la double nationalité.

Le temps perdu qui a mobilisé tant de députés et de sénateurs est une honte pour la démocratie française. Elle avait mieux à faire en travaillant sur des réponses au chômage et au développement des petites et moyennes entreprises. Entreprises qui méritent toute la considération de l'Etat, car ce sont elles qui sont les recruteurs dont nous avons tant besoin.

6.4. Ouverture des magasins le Dimanche: la liberté.

Rappelons qu'un français sur cinq (20%) travaille déjà le dimanche. 12% d'entre eux 2 fois par mois. Les plus concernés sont les fonctionnaires (28%), la police et l'armée. Pour le Samedi, 34% des actifs travaillent ce jour. Le soir de 20 h à minuit, ils sont 24% des actifs, et de minuit à cinq heures: 13%.

Dans ce cadre, selon Perrotte (2016), si on veut progresser, on doit donner plus de place à la négociation ; la branche doit avoir la priorité sur l'entreprise pour éviter le dumping social et le rapport de force.

Si un accord d'entreprise supplante un accord de branche sur la majoration des heures supplémentaires cela peut ébranler le « principe de faveur » (Dans le droit du travail français, le principe de faveur est une disposition qui prévoit que la convention et l'accord collectif de travail peuvent comporter des dispositions plus favorables aux salariés que celles des lois et règlements en vigueur).

Si on rédige un nouveau code du Travail, ce ne sera pas à droit constant, du coup une bonne partie de la jurisprudence va être obsolète et va devoir être reconstruite et cela prendra des décennies. C'est cette révision du Code du travail qui convient car elle permettra aux juges de juger sur le dossier qui leur est présenté. La jurisprudence uniformise le droit sur des affaires dont aucune n'est véritablement semblable.

Nous penchons vers une liberté d'ouverture, compensée par l'observation des augmentations légales, correspondantes des salaires, les Samedis, Dimanches ou pour le travail de nuit. Nous pensons que cette liberté de travail, le dimanche, est l'expression de notre laïcité: les magasins ne sont plus obligés de respecter le "jour du seigneur, « trop chrétien », pour les juifs et les musulmans.

Pour mémoire, aux USA les magasins sont ouverts le dimanche et la nuit avec un taux de chômage de 4%. **Sortons de cette sclérose qui tue notre développement et nous anéantit dans la lutte face au commerce mondial. Une nouvelle fois, réveillons nous !**

La France devenu un charmant musée un peu poussiéreux ?

Rappelons-nous que nous sommes dans une compétition acharnée entre nations et arrêtons de raisonner en Franco Français car nous risquons de nous réveiller avec un pays devenu un charmant musée un peu poussiéreux qui finira de s'éteindre doucement bousculé par le monde entier. C'est vraiment ce que veulent les Français ?

Que pouvons nous faire

☐ Libérer les ouvertures.

☐ Donner du travail à ceux qui en cherchent.

☐ Répondre en permanence aux besoins des clients.

6.5. Du courage pour lancer les Référendum populaires.

Les candidats nous proposent de futurs référendums sur de nombreux sujets. Il serait judicieux d'instituer un référendum d'initiative populaire qui permettrait au peuple de reprendre un pouvoir qui lui a été confisqué.

Il s'agit, comme en parle Rosanvallon (2015) de développer les « good governments organizations » qui mènent le combat sur l'autre terrain du « bon gouvernement » en militant pour plus de transparence, de contrôle citoyen, en luttant contre la corruption. Le but de ces initiatives n'étant pas de prendre le pouvoir mais de le surveiller et de le contrôler.

A ce titre, les sites internet Change.org ont l'avantage de soumettre des idées à la signature des Français.

Un bon exemple de pétition consiste à reprendre le travail de Denis Dupré (2016) qui montre comment nos députés « oublient » de voter une loi contre l'évasion fiscale !

Un rapport parlementaire d'octobre 2015 estimait entre 40 et 60 milliards d'euros les bénéfices des entreprises qui échappent à l'impôt, soit un manque à gagner de 15 milliards d'euros pour les caisses de l'État. "La lutte contre l'évasion fiscale "agressive", c'est-à-dire l'utilisation abusive de mécanismes légaux afin d'échapper à l'impôt, est aujourd'hui une nécessité européenne et mondiale", rapportaient les auteurs, les députés Marc Laffineur (Les Républicains) et Isabelle Bruneau (PS). Ces chiffres sont peut-être même sous-estimés puisqu'en novembre 2015, la Commission européenne a publié que l'évasion fiscale des multinationales coûtait 1000 milliards d'euros par an à l'Europe.

Dans le cadre du Projet de Loi de Finances Rectificatif 2015, les députés français ont semblé franchir un pas décisif dans cette lutte contre l'évasion fiscale avec l'amendement 340, déposé par Valérie Rabault, Yann Galut, Pascal Cherki et Dominique Potier. Cet amendement prévoyait que les entreprises multinationales rendent publiques chaque année leur chiffre d'affaires, leurs bénéfices, le nombre de leurs filiales et de leurs employés ainsi que le montant des impôts payés et ce, dans chacun des pays étrangers dans lesquels elles sont implantées. Cette transparence permettrait de pouvoir débusquer plus facilement l'évasion fiscale des entreprises pratiquant ce que l'on appelle les prix de transfert pour localiser les bénéfices dans les filiales dans des paradis fiscaux.

Cet amendement 340 a d'abord été adopté en première lecture le 4 décembre. Puis dans la soirée du 15 décembre, vers 1 heure du matin, sur un total de 577 députés, 52 étaient présents pour le vote de deuxième lecture dont le résultat a été en faveur de la transparence. Or, 40 minutes plus tard, a eu lieu une procédure inhabituelle. L'amendement a été soumis à un second vote. Certains députés sont partis, d'autres arrivés. En tout, 46 présents. 25 députés vont voter contre la transparence fiscale et 21 pour. L'amendement est refusé.Nous, citoyens, sommes responsables de notre démocratie et nous devons nous poser des questions.

Que pouvons nous faire

Participer à des initiatives populaires ou initiez vos propres campagnes sur Change.org

6.6. Du courage pour aider les banlieues

Les politiques se refusent à reconnaître l'hallalisation des banlieues, le fait que de nombreux jeunes et moins jeunes ne se reconnaissent pas comme français, alors qu'ils ont le passeport de ce pays. Le temps est à la rigueur contre les voyous qui animent des gangs et terrorisent les familles. Certes, la banlieue n'est pas abandonnée à elle-même, car des milliards d'argent public, y sont investis et le ministère de l'Education Nationale y met des moyens énormes pour aider les jeunes en difficulté.

Les jeunes et les moins jeunes réclameraient plutôt un droit à l'indifférence, concernant leurs religions, car beaucoup d'entre eux, bien intégrés, mangent du porc et boivent du vin.... Ceux-ci considèrent que l'islam est bien "soluble" dans la République.
Comme nous l'avons vu dans le chapitre 5.5 sur l'insertion sociale, les jeunes des banlieues s'en sortiront par l'Education. Une nouvelle fois, il s'agit de comprendre que les « jeunes des quartiers » qui se sentent victimisés ont aussi leurs chances. Il s'agirait, grâce à un effort colossal de l'Education Nationale et du Gouvernement, de montrer à tous, les filières d'excellence qu'ils peuvent intégrer pour s'en sortir. Le Chapitre 5.5 le détaille et fait des propositions.
Les jeunes des banlieues ont assurément leurs chances comme les autres.

Que pouvons nous faire

Dans le cadre d'une société de partage, nous invitons nos gouvernants et nos concitoyens à se poser trois questions.

☐ Que puis –je offrir à ces jeunes de banlieue ?

☐ Comment puis-je les aider ?

☐ Qui contacter sur place ?

Les jeunes des « quartiers ». Vous avez vos chances. Saisissez- les !

Comme nous l'avons déjà vu en 5.5. (Insertion sociale), les jeunes des banlieues doivent et peuvent être formés et méritent de réussir, si ce sont des travailleurs. Nous sommes lassés d'entendre un langage convenu sur les banlieues. Personnellement, nous avons travaillé avec des jeunes en difficulté, au Pôle Universitaire Léonard de Vinci, nous en avons fait des jeunes qui réussissent à Singapour, à Dubaï, en Chine dans des fonctions Directoriales ou dans les établissements les plus prestigieux aux USA ou en France et s'insèrent dans l'élite (comme à l'Institut d'Etudes Politiques, « Sciences Po »). Pourquoi ne pas les aider à leur faire connaître l'éventail des formations de prestige auxquelles ils peuvent s'inscrire et réussir, comme tous les autres. C'est juste une affaire de pédagogie à l'attention des banlieues.

6.7. Du courage pour développer les villes sans pétrole

Loddo (2008) nous présente les "Transitions Towns", les villes en transitions. L'idée vient d'un professeur britannique, Rob Hopkins (2010). Il explique comment notre vie quotidienne dépend totalement des énergies fossiles bon marché : transports, logement, vêtements, technologies, alimentation d'origine lointaine... La consommation de ces énergies cause des changements climatiques : augmentation du niveau des mers, augmentation de la fréquence des tempêtes, sécheresses, migrations des espèces, etc.

Nous devons, donc, d'une part, apprendre à nous passer des énergies fossiles, et, d'autre part, à résister au changement climatique – ce dernier point étant nommé « résilience ». C'est cet apprentissage qu'on appelle transition.

La transition signifie relocalisation de l'économie. L'idée consiste à passer du « tout pétrole » vers une énergie « locale » plus pragmatique et bon marché. Dans ce cadre, les habitants de la ville modèle de Totnes ont pour objectif de relocaliser l'approvisionnement en denrées alimentaires.

A ce titre, le lecteur gagnera beaucoup à voir le beau film « Demain » réalisé par Cyril Dion et Mélanie Laurent qui voyagent avec leur équipe à travers une dizaine de pays pour comprendre quelles sont les solutions qui pourraient permettre de tenter d'éviter les crises écologiques, économiques et sociales qui menacent l'humanité. Ils rencontrent de nouveaux acteurs de l'agriculture, de l'énergie, de l'économie, de la démocratie et de l'éducation qui œuvrent au moyen d'initiatives nouvelles et positives afin de préserver le monde demain.

Que pouvons nous faire

☐ Eviter les dépenses énergétiques dans le transport des marchandises comme le yaourt fabriqué en Espagne et vendu en France.

☐ Manger les pommes de nos vergers, partager nos idées, notre musique, notre culture. La ville de Totnes a frappé sa propre monnaie accueillie dans 80 magasins locaux.

☐ Développer des jardins familiaux ou les gens se retrouvent.

☐ Devenir Locavore : Le Locavorisme ou mouvement Locavore est un mouvement prônant la consommation de nourriture produite dans un rayon allant de 100 à 250 kilomètres maximum autour de son domicile. On nomme Locavore une personne qui adhère au Locavorisme.
Locavore : ne consomme que des produits locaux, produits à une courte distance de son domicile. Visiter nos voisins pour échanger, se prêter des outils, assurer notre sécurité. Toutes les expériences montrent qu'une vie sociale vous entretient et vous fait vivre plus longtemps. Qu'attendions-nous ?

☐ S'ouvrir pour une solidarité entre voisins. Sachons leur demander un coup de main ou un outil ou une orientation lorsque nous en avons besoin. La Société est au partage. Allons –y ! Profitons-en !

6.8. Du courage pour changer la donne sur les aides

46 milliards d'Euros mis sur la table par l'Etat en 2014 soit 1,9 % du PIB pour un résultat décevant, dont 18 milliards pour les APL, ALF et ALS versés à 6 millions de bénéficiaires, parmi ceux-ci beaucoup d'étrangers disposant de moyens pourtant suffisants, ou d'étudiants toujours à la charge des parents, qui ont reçu les APL, sans discernement.

APL : Allocation Personnalisée au Logement.

ALS : Allocation de Logement Social

ALF : Allocation de logement familial

La Cour des Comptes a fort justement proposé de limiter les APL aux seuls boursiers (français). Ce qui est appliqué, enfin.

Plus d'APL aux étrangers capables de payer. Une mesure juste

Voilà une bonne décision. Il y a quelque chose de scandaleux à voir des étudiants étrangers dont les parents ont les moyens de payer à leurs (chers) enfants un beau studio à 1500 € dans les beaux quartiers, demander et obtenir une APL. Les enfants des familles assujetties à l'ISF (impôt de solidarité sur la fortune) n'auront plus droit à une aide au logement,

La France doit limiter ses APL aux Français et considérer les recommandations de la Cour des Comptes comme de bons conseils.

Les bénéficiaires

- les locataires, colocataires ou sous-locataires d'un logement conventionné (libre ou meublé),

- les accédants à la propriété bénéficiaires d'un PC (prêt conventionné) ou d'un PAS (prêt d'accession sociale) ou d'un PTZ etc. pour l'achat ou la construction de leur habitation principale,
- les résidents en foyer d'hébergement (étudiants, jeunes travailleurs, personnes âgées ou handicapées).

A partir de la rentrée 2016, les étudiants issus de familles assujetties à l'ISF (Impôt de solidarité sur la fortune) n'ont plus droit aux aides au logement. De plus, il sera pris en compte la valeur du patrimoine de leurs familles pour l'attribution de ces aides pour les étudiants qui demeurent attachés au foyer fiscal de leurs parents.

Que pouvons nous faire

☐ Limiter les APL aux étudiants en réel besoin. Il y avait besoin de justice et d'équilibre. C'est fait. Cela avance c'est ainsi qu'on arrivera à plus de justice.

☐ S'assurer que les ALS correspondent bien à un besoin.

Idem avec le logement social : sommes-nous bien dans le cas où une famille est en grand besoin : pourquoi dans certains cas, on retrouve une seule personne célibataire dans un appartement social de 120 mètres carrés ? La question vaut d'être posée. C'est un manque de contrôle à tous les titres. Au détriment de familles nombreuses.

6.9. Du courage pour travailler les jours fériés

Dans d'autres pays que la France, plus ouverts sur la diversité, 2 jours sont donnés pour chacune des grandes religions, afin que tout le monde puisse vivre, dans une communauté harmonieuse et compréhensive.

Près de deux salariés sur trois, travaillent selon des horaires qualifiés habituellement d'atypiques, d'après cette analyse typologique des horaires menée sur l'enquête « Conditions de travail » de 2005.

Beaucoup de monde concerné

Chaudeau (2015) montre les statistiques publiées par l'Insee: en 2013, 20% des salariés travaillaient le Dimanche, 2 fois dans le mois pour 12% d'entre eux. Pour le travail de nuit en semaine, 24% travaillaient de 20 heures à minuit en 2013 et même 35% des cadres et des professions intellectuelles (Professeurs notamment). Catégories qui ont la particularité d'être 37% à travailler depuis leur domicile. Avec des outils numérique, en 2013, 21% avaient des horaires variables.

La loi pour la Croissance, l'Activité et l'Egalité des Chances Economiques dite « Macron » est effective depuis le 8 août 2015. Voici ce qui est prévu, à effet immédiat, ou à venir, à propos du travail le dimanche et les conséquences pour les salariés.

Macron pour les jours fériés

Les maires peuvent autoriser les commerces de leurs communes à ouvrir jusqu'à 9 dimanches (5 dimanches auparavant, 12 dimanches à partir de 2016). Les dimanches travaillés devront être listés avant le 31 décembre pour l'année suivante, après avis du conseil municipal ou de l'organe délibérant de l'EPCI (Etablissement Public de Coopération Intercommunale) à fiscalité propre, si le nombre de dimanches excède 5. Les maires (le préfet à Paris) doivent, également, avoir l'avis des organisations d'employeurs et des organisations des salariés.

Laisser travailler les volontaires

Les salariés doivent être volontaires pour travailler le dimanche. Ce qui signifie selon Roucous (2015) que ce n'est pas une obligation, qu'ils doivent donner leur accord écrit et que leur refus de travailler le dimanche ne peut être un motif de sanction ni de licenciement. Evidemment, en pratique, ce n'est pas si simple mais c'est la loi!

Quant à la rémunération, dans certains cas (dimanche du maire, commerces de plus de 400m2) elle est majorée par la loi, dans d'autres cas (ZTI, ZT, ZC, gares) sa majoration va dépendre d'accords collectifs, à défaut des patrons, et ce, notamment, dans les entreprises de moins de 11 salariés, mais, elle n'est pas imposée par la loi comme promis !

Haro sur les mauvais patrons

Quelques rares patrons ne sont pas trop volontaires pour payer plus et donner 2 jours pour compenser un dimanche de travail. Ce ne sont pas de bons patrons et ils ne méritent pas qu'on travaille pour eux.

Trois exemples de ce qu'il ne faut pas faire

Selon Albertini (2013), le groupe Monoprix a annoncé que ses supermarchés ne pourront désormais plus ouvrir au-delà de

21 heures dans tout le pays, à la suite de l'opposition de la CGT, syndicat majoritaire, à un projet d'accord sur les horaires tardifs. Selon la loi de 2001 qui encadre le travail nocturne, celui-ci doit, en effet, faire l'objet d'un accord de branche ou d'entreprise, qui doit notamment préciser les contreparties accordées aux salariés.

Chez Séphora les salariés conspuent les syndicats : car la justice venait d'imposer à la parfumerie des Champs-Elysées de fermer à 21 heures. Jusqu'alors, et depuis 1996, celle-ci ouvrait jusqu'à 1 heure du matin, le vendredi et le samedi, et jusqu'à minuit, les autres jours. Selon la direction - qui s'est pourvue en cassation - 20% du chiffre d'affaires était réalisé après 21 heures, notamment, grâce à la clientèle touristique, fréquentant l'avenue parisienne.

En septembre 2013, le tribunal de commerce de Bobigny enjoint aux enseignes Castorama et Leroy Merlin, de fermer quinze de leurs magasins, en Ile-de-France, le dimanche. Selon Albertini (2013), saisi par leur concurrent Bricorama, le juge a constaté que ces magasins ne relevaient d'aucune des nombreuses dérogations au repos dominical. Aussitôt s'engage un féroce débat entre les partisans de la «liberté de travailler» et les défenseurs du dimanche chômé, au repos dominical

Au moment de voter aux élections professionnelles, le personnel fera probablement le choix qui lui permettra de trouver des syndicats plus modéré afin de pouvoir retravailler selon son choix.

Que pouvons nous faire

☐ Considérer le point de vue de l'entreprise comme une décision commerciale.

☐ Travailler à partir de volontariat et non d'obligation.

☐ Prévoir une obligation de majoration salariale.

□ Disposer d'un comité de contrôle pour les salariés pour les salariés qui ne sont pas payés
ou compensés pour leurs interventions les jours fériés ;

Oui à ceux qui souhaitent travailler : nous sommes dans un pays où la liberté veut dire quelque chose

Il n'est plus possible d'accepter que les syndicats extrémistes empêchent le personnel de travailler.
Si le personnel veut travailler le Dimanche, le soir, il doit pouvoir le faire. Il n'est pas normal de ne pas laisser les salariés travailler, s'ils le souhaitent, comme chez Sephora.

6.10. Du courage pour l'athéisme, une religion d'Etat.

La place réservée à la religion, dans la société française, est devenue un tabou tant le sujet divise les laïcards, fidèles à une vision «historique», et les tenants d'une adaptation de la loi de 1905, au nom de la protection des minorités.

Tout le monde s'en revendique, selon Biseau et Faure (2015). Mais chacun défend «sa» laïcité, selon un axe classique, allant d'une laïcité stricte (elle souhaite repousser les signes extérieurs de la religion dans la seule sphère privée), à une laïcité plus ouverte, qui, au nom du respect de la différence, affirme la nécessité de faire une place aux religions, et notamment à l'islam, dans notre espace public.

Un double problème politique

La crise de la gauche est double. A la fois existentielle et de circonstancielle. D'abord, l'arrivée de l'islam en France est venue contester l'héritage politique de la gauche. «En 1905, le grand combat de la gauche était de séparer l'Eglise et l'Etat. Aujourd'hui, le problème est l'inverse : elle doit inclure une nouvelle religion dans la République, faire valoir de nouvelles attentes, fixer des relations entre l'Etat et l'islam.

Oui à notre héritage judéo-chrétien

Pourquoi un tribunal administratif de Grenoble, sur plainte d'une Association, la « Libre Pensée », impose au Maire de la ville de

186

Publier, en Savoie (Gambier 2015) de retirer une statue de la Vierge, installée depuis 4 ans dans un parc municipal ? De même pourquoi l'interdiction des crèches dans nombre de communes ? C'est un vrai défi face à une France issue de millénaires judéo-chrétiens. Même si l'on peut comprendre le point de vue des francs-maçons, nous ne pouvons guère détricoter cet héritage judéo-chrétien, propre à notre culture, faite de générosité et de partage.

Au-delà de l'instrumentalisation de la laïcité contre les droits des musulmans, c'est la posture antireligieuse elle-même qui est prétexte – ou source – à cette islamophobie. Analysant le passage de Marx sur l'« opium du peuple » (1843) complété par « la détresse religieuse qui s'explique d'un côté, par l'expression de la détresse réelle et, de l'autre, par la protestation contre la détresse réelle ». Saly (2014) montre que cette démarche a conduit nombre de religieux dans les goulags. Nous ne sommes pas dupes des idées de Marx et nous laissons, bien volontiers, à Marx et aux régimes communistes leurs applications à Cuba, en Chine en Russie ou en Corée du Nord. Non merci !

C'est ainsi qu'on en arrive à l'interdiction des crèches. On saisit mieux le danger de telles décisions quand on regarde l'histoire.

Nous partageons le point de vue de Bruno Lemaire qui voit une vision stricte de la laïcité ou tout compromis peut déraper. On accepte un petit voile. Un autre vient avec un voile plus important puis on entre dans des débats infinis. Qu'on arrête de parler religion à l'école. Qu'on en parle en philosophie. Nous sommes fermement opposé à l'enseignement du fait religieux à l'école. (Dupont 2015).

« Faire avec » les signes présents dans l'environnement

Nos églises, nos croix, nos crèches, nos Noël, nos temples, nos synagogues et quelques grandes mosquées issues de tant de siècles de traditions sont bien là depuis toujours.

Nous acceptons, avec bienveillance et amitié, les fêtes de l'Aid El Kébir ou le Ramadan. Elles ne peuvent empêcher nos activités professionnelles, sauf à prendre un congé, comme nous le faisons pour Noël, ou d'autres pour le Yom Ha Kippour ou Hanoukka.

Que pouvons nous faire

☐ Rendre effective l'interdiction du voile ou les cornettes des bonnes sœurs qui cachent le visage que l'on soit musulman ou chrétien afin de permettre le contrôle du visage.

☐ Maintenir les crèches comme notre héritage judéo Chrétien avec 2000 ans d'histoire derrière nous sur ce sujet.

☐ Interdire les signes distinctifs religieux à l'école sur les personnes et dans les lieux publics.

6.11. Du courage pour l'Europe.

Les propositions au plan européen.

Les unions monétaires ne peuvent poursuivre leurs développements qu'en s'associant sous la forme d'une union politique, plus fédérale. C'est pourquoi selon Touati (2014), il faut harmoniser les conditions fiscales, faire un marché du travail unique et s'entendre sur un budget fédéral. Faute de cette orientation fédérale, la zone Euro explosera.

---

84 taux de TVA pour 28 pays de l'Europe. Ce n'est pas sérieux

L'exemple des taux de TVA est caractéristique : 28 pays pour 28 taux de TVA. Et comme chaque pays dispose de 3 taux de TVA selon les domaines d'activité, nous avons 28x3=84 taux de TVA différents. Vous trouvez cela normal ? Pas nous ! Mesdames et Messieurs les Ministres des Finances, au travail !

Alors qu'elle ne s'est toujours pas remise de la déflagration de 2008 – la crise financière étant devenue une crise sur les dettes des États –, l'Europe est hantée par un nouveau spectre : la déflation selon Boucaud (2014). Le retournement espéré par le gouvernement devrait laisser place à un ralentissement, voire à un nouveau repli, comme l'indique le FMI en Avril 2016.

Une abondance de liquidités sert, en théorie, à « faire repartir la masse monétaire (quantité de monnaie en circulation), en augmentant les réserves des banques, afin de les pousser à faire du crédit, explique Patrick Artus, économiste à Natixis. « Or, cette fois-ci, ce n'est pas possible, car les entreprises et les ménages cherchent tous à se désendetter », poursuit l'économiste. Sauf quelques uns qui profitent de l'aubaine pour acheter du crédit au meilleur taux.

Que pouvons nous faire

Afin de s'assurer que l'Europe poursuive son développement, il convient :

☐ D'harmoniser les conditions fiscales (84 TVA différentes…. dans 28 Pays) et pas seulement la TVA

☐ De construire un marché de travail unique.

☐ De s'entendre sur un budget fédéral.

☐ **Oser parler d'une « fédération » Européenne. Ce n'est tout de même pas un gros mot.**

☐ Préparer à une intégration minimale, tout en laissant une bonne liberté pour chaque pays.

L'exemple des Etats Unis montre bien que chaque Etat décide selon ses choix.

☐ Montrer l'importance de la France sur les mers. Nous sommes passés à côté des enjeux

portuaires. Le domaine maritime Français est le deuxième au monde avec 11 millions de

km carrés, juste derrière les USA (Blanqui 2015)

☐ Souligner les efforts de la France sur le plan militaire pour défendre les positions des

Européens.

6.12. Du courage pour la politique étrangère

Irak et Syrie

Daech contrôlait une bonne partie du territoire syrien et de l'Irak. En Irak, selon Zemmour (2015), Daech est perçu comme protecteur des Sunnites contre le Chiites. En Syrie, il est l'adversaire commun d'Assad et de la coalition occidentale. L'intervention de la France en Syrie fait de notre pays, l'allié objectif du Président Turc, qui fait semblant d'attaquer Daech, mais vise les Kurdes, meilleurs alliés des occidentaux. En Syrie, les frappes Françaises touchent la population sunnite, qui représente 2/3 de la population. Pendant ce temps les américains font alliance avec les iraniens chiites. **Beau désordre international** !

Selon Adler (2015), nous avons toutes les raisons de détester Bachar el-Assad mais il est impossible de ne pas compter avec lui.

Le Royaume de France en protecteur des Chrétiens du Moyen Orient

Quelque soit notre culture, notre position politique ou notre participation à des clubs de réflexions... on ne peut affaiblir la position de la France au sujet du catholicisme. C'est ce que rappelle Adler (2015): en effet, c'est Soliman le Magnifique qui accorda au Royaume de France, sous François 1 er, en 1535-1536, la protection permanente des communautés chrétiennes catholiques (première alliance, intitulée « Capitulation » (accords) entre un Roi Très Chrétien et un monarque musulman), les russes étant chargés de la même mission pour l'Orthodoxie. C'est l'origine de la Francophonie

> et le sens de notre influence. Les communautés chrétiennes ont partout été l'élite de ces sociétés.

Notre Ministre des Affaires Etrangères à contrepied

C'est une magnifique victoire diplomatique pour Bachar al-Assad et le chef de la diplomatie syrienne, Walid Mouallem. Il s'est d'ailleurs empressé de saluer Laurent Fabius qui, pour la première fois, a envisagé que «des forces du régime» syrien puissent être associées à la lutte contre l'Etat islamique (EI) selon Perrin (2015).

Un peu plus tard, Laurent Fabius a cependant nuancé son message par ce que l'on appelle, dans le jargon politique, un rétropédalage. Il a ainsi déclaré qu'une participation des forces du régime syrien ne pouvait être envisagée que «dans le cadre de la transition politique», et a répété son leitmotiv, selon lequel le président Al-Assad, ne pouvait pas «faire partie de l'avenir de la Syrie». A l'évidence, les sanglants attentats du 13 novembre à Paris et Saint-Denis ont précipité ce retournement extraordinaire de la diplomatie française, le président Hollande ayant déjà annoncé clairement que la priorité absolue était donnée à la lutte contre l'EI. «Notre ennemi en Syrie, c'est Daech», avait-il déclaré devant les parlementaires français trois jours après les attentats.

Les déclarations de Laurent Fabius selon Perrin (2015) interviennent aussi au lendemain d'un voyage en Russie du Président Français au cours duquel Paris et Moscou ont décidé de «coordonner» leurs frappes aériennes en Syrie contre les jihadistes de l'EI. «Le président Poutine nous a demandé d'établir une carte des forces qui ne sont pas terroristes et qui combattent Daech», a encore affirmé Fabius.

Que pouvons nous faire

Si nous comprenons aujourd'hui cette situation désespérante, il conviendrait d'en tirer la leçon selon laquelle

☐ Nous ne pouvons intervenir chez des peuples démocratiques sans leur accord.

☐ Nos forces armées ne peuvent réguler le monde, aussi efficaces soient elles.

Egypte

Intelligence Française vs Département d'Etat US pas à la hauteur

Adler (2015) fait remarquer que l'appui de la France à l'insurrection populaire anti frères musulmans, au Caire, s'est révélé particulièrement efficace dans nos rapports avec l'Egypte, à comparer avec le Département d'Etat américain, considérant le régime comme illégal.

Les Anglo-Saxons ne sont pas les seuls sur la sellette. Les alliances les plus improbables sont censées s'être formées pour comploter contre l'Egypte : «A Washington, Londres et Berlin, on rêvait de voir l'islam politique diriger la région, sous la houlette occidentale, avec l'aide de la Turquie, de l'Iran et d'Israël» (Galal Nassar).

Un complot que subirait l'Egypte. «L'Egypte résiste au terrorisme occidental», titrait El Watan, un quotidien égyptien, une semaine après le crash de l'avion russe, dû à un attentat jihadiste, qui a coûté la vie à plus de 200 personnes, selon Anmuth (2015). Certes, il s'agit d'un journal sensationnaliste, mais il est assez lu, et ce titre résume bien un sentiment répandu en Egypte.

Londres et Istanbul sont considérés par l'Egypte comme le repaire des exilés Frères Musulmans. L'alliance israélo-iranienne, deux pays ennemis, mais tous les deux honnis par le Caire, était déjà évoquée par les médias pro-régime, sous Moubarak, avec les Etats-Unis, en prime, comme origine et source de financement des opposants.

Que pouvons nous faire

La France doit continuer à

☐ jouer de l'influence de sa culture.

☐ jouer de son intelligence.

☐ jouer de sa stratégie pour aider les peuples à se délivrer..

Iran

Pour l'Iran, les entreprises ont déjà repris des marchés, mais la politique française visant à présenter ce pays, comme un ennemi, n'est pas très convaincante.

Dix ans, ce n'est rien pour le nucléaire

L'accord de Vienne est mauvais, car la période de dix ans, durant laquelle l'Iran est censé interrompre le développement de son potentiel nucléaire, s'écoulera très vite, selon Amos Yadlin, ex-major général israelien, interviewé par Behar (2015). De plus, le régime iranien sponsorise toujours la terreur sur l'ensemble du Moyen-Orient. Il soutient Bachar al-Assad, le Hezbollah, et prône la destruction d'Israël en niant la réalité de la Shoah.

Que pouvons nous faire

Au lieu de critiquer tout le temps, nous devrions selon Behar (2015) discuter entre Américains et Européens, pour trouver un terrain d'entente. Il faut

☐ identifier les dangers que contient cet accord.

☐ mesurer les effets du probable non-respect par Téhéran de ses engagements.

☐ apporter des réponses.

Turquie

Non au génocide contre les Kurdes

La porosité entre les services turcs et les « islamo nazis » laisse penser que le Président Turc a fermé les yeux pour développer, selon Giesbert (2015), un génocide contre les Kurdes, comme ils l'ont fait en 2015, contre les arméniens. Et ceci, avec le soutien du gouvernement américain, de l'OTAN et de Daech meurtriers de masse, des Kurdes, nos amis. 35 000 000
de Kurdes avec une forte identité culturelle réunissant les chrétiens, les musulmans, les yezidie. Îls jouent leur vie et nous laissons faire sans protester énergiquement.

Les Kurdes sont le plus grand groupe ethnique sans Etat. A la faveur de la décomposition de l'Irak et de la Syrie, ils ont séparément construit deux régions autonomes, dans le nord de l'Irak, puis dans le nord de la Syrie selon Postel-Vinay (2015). Kobané appartient à cette région, et c'est son invasion sauvage par Daech qui a déclenché la contre-attaque victorieuse des Kurdes syriens, aidés par l'aviation américaine et des combattants kurdes venus de Turquie et d'Irak. Le petit garçon mort échoué sur une plage, dont la photo a fait le tour du monde cet été, était un Kurde de Kobané.

Depuis des semaines, les raids aériens visent les positions du mouvement armé kurde PKK jusqu'au Kurdistan irakien, dans les montagnes de Qandil. L'organisation y dispose de bases arrière, créées, lors de ses premiers affrontements, avec le gouvernement turc. Au cœur du massif montagneux.

Bien qu'officiellement qualifié d'«organisation terroriste» par l'Otan, le PKK, basé au sud-est de la Turquie, est depuis plus d'un an, l'un des symboles de la lutte contre la barbarie de l'EI, selon Duplan (2015). En Irak et en Syrie, l'organisation épaule les forces kurdes locales. Elle y envoie combattre ses unités composées d'hommes et de femmes en première ligne.

D'abord aux prises avec l'Etat islamique, puis ciblé par l'aviation turque, le PKK doit maintenant faire avec l'hostilité grandissante de ses «frères d'armes» kurdes irakiens. Leur président, Massoud Barzani, a demandé aux rebelles de quitter les montagnes de Qandil pour en protéger la population

Que pouvons nous faire

Les femmes Kurdes : du courage, de l'abnégation qui fait l'admiration du monde entier

Le monde entier doit bien comprendre et savoir que les Kurdes défendent des valeurs universelles propres à nous tous de paix et de religion. Les femmes Kurdes courageuses savent se battre. La pire crainte pour un islamiste EI serait de se faire tuer par une femme kurde car il ne serait pas admis au paradis. Il manquerait l'arrivée auprès des 72 vierges prévues par le Coran. Par contre, si la femme martyr musulmane est tuée, elle y retrouve un seul homme : son mari. Moins intéressant pour les femmes que pour les hommes... A vous de choisir ?

Allemagne

Le Français ils vont se bouger le….

Jean Quatremer (2015) rappelle en termes imagés l'inquiétude d'un haut responsable allemand sur le partenaire français. « J'espère que la France va se bouger le cul, sinon elle risque d'entrainer la zone euro par le fond ». L'Allemagne s'inquiète d'un Hexagone, en plein décrochage, qui persiste à prendre de l'aspirine, alors que seule la chirurgie lourde pourrait la sauver. « On a besoin d'une France forte à nos côté, pas identique, mais d'égale importance », martèle-t-on dans l'entourage du gouvernement allemand.

Le 9 mai 2015, Jean-Luc Mélenchon était l'invité de « On n'est pas couché » pour parler de son nouveau livre : « Le Hareng de Bismarck (Le Poison allemand) ». Il a expliqué que ce livre était un « médicament » pour « désintoxiquer » les esprits du modèle allemand. Tout au long de l'émission, il a montré que l'Allemagne était un antimodèle dans de nombreux domaines : écologie, social, maltraitance des animaux, système de retraites par capitalisation, politique étrangère… Alors que les critères économiques prévalent pour l'instant pour analyser une société, Jean-Luc Mélenchon a proposé un autre critère : son bonheur. Un critère au regard duquel l'Allemagne est loin d'être un modèle, selon lui.

Jean-Luc Mélenchon au Bouthan pour profiter du Bonheur National Brut

Jean-Luc Mélenchon devrait aller vivre au Bouthan ou existe un indice du Bonheur National Brut qui répondrait à son idée du bonheur

Le bonheur national cherche à définir un niveau de vie en des termes plus psychologiques et holistiques que le produit national brut.

Cet indice recommandé par le roi du Bhoutan, Jigme Singye Wangchuck, depuis 1972 consiste à construire une économie qui serve la culture du Bhoutan reposant sur des valeurs spirituelles bouddhistes. Il repose sur quatre principes fondamentaux auxquels le gouvernement du Bhoutan attache une part égale : la croissance et développement économiques ; la conservation et la promotion de la culture bhoutanaise ; la sauvegarde de l'environnement et l'utilisation durable des ressources ; la bonne gouvernance responsable

Pour Godin (2015), l'Allemagne apparaît comme un modèle d'ouverture, de générosité et de solidarité. Un changement total d'image par rapport à l'image d'égoïsme et de dureté qu'elle avait pu acquérir dans la crise grecque. C'est aussi l'occasion pour Angela Merkel de faire oublier l'indifférence complète qui a prévalu - et qui prévaut encore largement - concernant la gestion de la crise migratoire.

Que pouvons nous faire

Si nous pouvions suivre l'Allemagne dans son esprit d'ordre et d'organisation, nous gagnerions sur tous les tableaux. Ceci étant dit, la France a ses propres objectifs, ses propres résultats et ses propres difficultés. A nous, d'essayer de trouver des approches communes.

La Grèce vue sous l'œil allemand

Tandis qu'Angela Merkel constatait avec satisfaction, selon Feher (2015), que nul n'a désormais l'audace de la défier, François Hollande se réjouissait, à la fois, d'avoir aidé les Grecs à se rendre et, rétrospectivement, de s'être abstenu de résister, pour son compte, au lendemain de son élection . Telle est la raison pour laquelle Wolfgang Schäuble (Ministre Fédéral des Finances) entend poursuivre ses efforts jusqu'à l'éviction définitive de la Grèce. Certain que les conditions du sursis octroyé à Athènes s'avèreront proprement insupportables au bout de quelques mois, il se donne le temps de démontrer aux dirigeants français, italiens et espagnols qu'il ne suffit même pas de se soumettre pour ne pas être démis : quiconque croit pouvoir renâcler finira tôt ou tard pas en payer le prix fort.

Cette manière de procéder confirme ce qu'écrivait Ulrich Beck à propos de l'« Europe allemande », à savoir que celle-ci est « davantage portée sur l'exclusion que sur l'annexion ». Or, c'est bien sur l'allégeance des responsables politiques à cette hydre tétracéphale que Wolfgang Schäuble se propose de fonder l'intégration de leurs administrés dans l'Europe

Quelles limites face au flot continu d'arrivants ?

Joffrin (2015) souligne qu'Angela Merkel montre un bon exemple pour l'immigration: pousser les négociations susceptibles de mettre fin au cauchemar syrien, financer l'amélioration des conditions de vie dans les campements de transit, harmoniser les conditions d'asile, unifier les prestations destinées aux migrants pour équilibrer les flux, fixer des limites claires, instaurer une taxe communautaire pour financer cette politique. Avec le temps, la situation, s'est dégradée et on commence à trouver de plus en plus d'Allemands, moins enclins, à accueillir un flot ininterrompu de migrants.

C'est vrai que nos Présidents suivent bien gentiment Angela. Il faut renforcer la puissance économique de notre pays pour imposer notre point de vue dans l'affaire grecque, dont nous avons bien profité financièrement, par des prêts à des taux quasi usuraires, dans un contexte international. (1,5% prêté à la France vendu 4,5% à la Grèce).

Pas d'accord, néanmoins pour suivre Angela dans l'entrée de la Turquie en Europe, en échange

Russie

La parade militaire russe célébrant le 70e anniversaire de la capitulation allemande s'annonçait d'une ampleur sans équivalent. Vladimir Poutine voulait ainsi afficher la puissance retrouvée de sa Russie où «la grande guerre patriotique» fait désormais figure d'idéologie officielle autant qu'à l'époque soviétique, voire encore plus, selon Semo (2015). Mais sur la tribune officielle, il n'y avait aucun dirigeant occidental de premier plan. A la différence de 2005 où, de Jacques Chirac à George Bush, ils étaient tous venus là, pour rappeler le rôle clef, joué par l'armée rouge, dans la défaite du nazisme et les immenses sacrifices des peuples de l'Union soviétique. Ce choix était assumé, aussi bien à Washington, que dans la plupart des capitales européennes, afin de protester contre l'annexion de la Crimée au printemps 2014 et le soutien militaire, financier et politique de Moscou aux combattants séparatistes de l'est de l'Ukraine.

Ces diverses prises de position font regretter qu'il n'y ait pas eu de la part des «28», une position commune, à la fois ferme tout en reconnaissant, à la hauteur de son coût humain de 22 millions de morts, le rôle du peuple soviétique dans l'écrasement du nazisme. Un bilan terrible dont Staline porte aussi la responsabilité. Ou est l'Europe politique ?

Cette réalité, beaucoup de jeunes Européens l'ignorent aujourd'hui, comme en témoigne un récent sondage du *Financial Times* affirmant qu'à peine 13 % d'entre eux connaissent le rôle de l'URSS dans la victoire.

Que pouvons nous faire

☐ Intervenir militairement dans le Monde quand on ne peut plus faire autrement

---

La Chine qui exporte la déflation

Selon Nodé-Langlois (2016), Li Keqiang, avant de devenir l'actuel Premier Ministre Chinois considérait que la consommation d'électricité (tirée majoritairement par l'industrie), le frêt ferroviaire et le crédit bancaire était le triptyque pertinent. Or depuis 2014, cet « indice » progresse de moins en moins vite, à un rythme inférieur à 5%.

La production d'acier est au plus bas. Les exportations ont reculé de 1,6% par rapport à l'an dernier et les importations ont plongé de 13% malgré une croissance de 4,3% et une consommation soutenue (270 milliards dépensés par les touristes chinois, 600 Millions d'internautes acheteurs en ligne sur Alibaba).

Le poids des services dans le PIB dépasse celui de l'industrie depuis 4 ans. Le rééquilibrage d'économie est à l'œuvre, selon Nodé Langlois (2016). Malgré un immobilier incertain, des créances très douteuses dans les banques chinoises en 2015, une baisse du Yuan.

Que pouvons nous faire

☐ Prendre des garanties lorsque nous travaillons avec les Chinois.

☐ Sécuriser les placements financiers.

☐ Eviter les placements immobiliers en Chine.

6.13. Du courage pour une régulation du commerce mondial

Piliu (2015) cite 20 mesures pour une meilleure régulation du commerce mondial. On peut citer par exemple deux d'entre elles :

■ L'adoption d'instruments juridiques "efficaces" dans le droit européen permettant la fermeture des marchés publics, en cas de non réciprocité, dans les secteurs des transports, de l'énergie ou de l'eau,

■ La création de mécanismes de surveillance du marché intérieur, notamment sur la conformité des produits importés des pays tiers (marquage CE), surtout quand une nouvelle législation européenne est introduite.

L'Europe renonce le plus souvent à l'usage des instruments de rétorsion
Les auteurs préconisent, aussi, une meilleure prise en compte des aides d'Etat de tous types, dans l'analyse de la situation concurrentielle des entreprises des pays tiers. A titre d'exemple, les entreprises américaines et chinoises bénéficient souvent de financements ou de subventions publiques. Le rapport appelle aussi à une extension des dispositions de certains textes existants qui permettent de rejeter des offres "anormalement basses", lors d'un appel d'offres public.

Une France plus offensive en Europe

En matière de politique commerciale, le rapport explique que l'Europe renonce le plus souvent à l'usage des instruments de rétorsion que sont les droits anti-dumping, les mesures anti-subventions ou de sauvegarde. **Il est aussi suggéré que la France réclame de Bruxelles, une utilisation beaucoup plus offensive de ces outils, en augmentant, par exemple, le taux de pénalisation sur le chiffre d'affaires qui s'élève à 35% en Europe, contre 132% aux Etats-Unis.**

Objectivement, selon Minc, interviewé par Mabille et Rosselin (2011), la zone du monde qui va le plus mal aujourd'hui, ce n'est pas l'Europe mais les USA. La somme de l'endettement public et privé est, aux États-Unis, presque trois fois plus élevée qu'en Europe. La preuve par l'euro, qui, c'est le paradoxe de cette crise, est toujours resté plutôt fort, face au dollar.

Une gouvernance mondiale qui se cherche

L'ambition initiale de la France, qui était de faire un G20 de gouvernance mondiale, pour relancer la coopération, est bouleversée par le risque d'une rechute dans la récession. La priorité de ce G20 sera de se mettre d'accord sur ce que chaque grand bloc peut faire pour ranimer la croissance. **La Chine, de son côté, doit se sentir plus coresponsable de la croissance mondiale et donc prendre des mesures pour relancer sa demande intérieure.**

Que pouvons nous faire

☐ Fermer les marchés en cas de non réciprocité.

☐ Auditer les financements et aides publiques du pays d'origine pour les entreprises vendant en France.

☐ Utiliser les droits anti-dumping et anti-subventions prévus par l'Europe.

☐ Augmente les taux de pénalisation Européens 5 fois moins importants qu'aux USA.

6.14. Du courage pour une meilleure politique sécuritaire.

Pour Le Hiaric (2015) ce ne sont pas des lois relatives à la sécurité intérieure dont manque la France. Vingt-cinq lois ont été votées ces quinze dernières années. Beaucoup d'entre elles ont été écrites, en réactivité à des faits divers, à des chocs émotionnels, sans empêcher les derniers drames qu'a connus le pays. Pour le moins, il n'est donc pas prouvé que les lois de circonstances soient efficaces pour les buts qu'elles proclament. Par contre, elles ne sont pas bonnes pour l'État de droit.

Progressons-nous vers un État utilisant librement les nouveaux instruments technologiques pour accéder à la vie privée des individus, leurs relations, leurs pensées, leurs opinions, leurs déplacements et intimité ?

Selon Waintraub (2016), Pierre Lellouche avait demandé à l'ex-Garde des Sceaux, Madame Christiane Taubira, le contrôle des téléphones portables dans les prisons (il y en a 28 000 qui rentrent), mesure refusée. Refus identique pour que la pénitentiaire participe au renseignement sur les terroristes dans les prisons françaises, alors que nous sommes en pleine guerre contre le terrorisme. Il y avait une espèce de hiatus incompréhensible. Au Ministère de l'Intérieur , il y a, depuis bien longtemps, un grave problème de coordination du renseignement entre les forces de police et de gendarmerie sur le renseignement et l'action antiterroriste qui n'est toujours pas résolu.

> Le système terroriste utilise le réseau, le réseau est l'ennemi

En Janvier 2005, un fait, passé inaperçu, sera déterminant, selon Lombard-Latune (2015). Un ingénieur syrien naturalisé espagnol, Abu Musab al-Suri met en ligne son appel à la résistance islamique mondiale. Quelque 1600 pages deviennent une encyclopédie militante et un mode d'emploi du Djihad contemporain, post Ben Laden. Selon lui, les attentats du 11 Septembre n'ont pas permis une mobilisation populaire. Il prône un système terroriste « en réseau » **pénétrant par la base les sociétés ennemies à abattre**. Pour le 13 Novembre, c'est ce logiciel qui a fonctionné. L'endoctrinement ne passe plus par les imams, mais par internet et les réseaux sociaux. Les mesures de sécurité Françaises ont montré leur efficacité : l'attentat qui devait être perpétré à Paris, s'est finalement déroulé à l'Aéroport de Zaventem car les djihadistes avaient pris peur des mesures françaises.

Comprendre comment des djihadistes arrivent à se rencontrer ?

Ce qui lie deux djihadistes nés dans des milieux et sur des continents différents ce sont essentiellement des textes, des actes et une foi identiques, selon Birnbaum (2016). Il s'agit pour eux de défendre un Dieu unique, protéger son image, travailler à son triomphe, bâtir son royaume. Ils s'en remettent à une autorité transcendante, à des révélations prophétiques, à des êtres supra sensibles aux anges protecteurs, au jugement dernier, à la résurrection des corps.

La puissance de l'expérience religieuse, selon Birnbaum (2016), c'est de donner un sens au destin des croyants, une orientation commune. Les croyants ont peur de Dieu. Les non croyants ont peur d'en parler selon Daniel Sibony. Comment la gauche qui tient pour rien les représentations religieuses comprendrait elle la haine funeste de ces hommes vis-à-vis des chrétiens, leur obsession complotiste vis-à-vis des juifs, mais aussi la guerre à mort qui oppose Chiites et sunnites à l'intérieur même de l'islam….

Que pouvons nous faire

☐ Poursuivre l'effort de sécurisation.

☐ Développer une sensibilisation des individus Français.

☐ Utiliser tous les moyens informatiques en négociant avec Apple.

☐ Développer une stratégie d'intimidation des groupes islamistes.

☐ Développer une politique « zéro défaut » dans la démarche contre l'Islamisme radical.

☐ Faire un gros effort pour coordonner les forces de gendarmerie et la police.

☐ Interdire les téléphones portables dans les prisons.

☐ Participation de la pénitentiaire pour le renseignement sur le terrorisme dans les prisons.

☐ Contrôler et infiltrer les réseaux ;

☐ Utiliser la liste de Daesh pour rechercher les personnes dangereuses.

6.15. Du courage pour regarder en face les leçons à tirer du 11 janvier et du 13 Novembre et de Bruxelles Zaventem

11 Janvier

Après le 11 janvier, Libération titre «Nous sommes un peuple», et Laurent Joffrin son édito «Un élan magnifique»…Emmanuel Todd voit dans ce moment d'unanimité apparent, relayé par les médias, un « flash totalitaire ». « C'est le seul moment de ma vie où j'ai eu l'impression que ce n'était pas possible de parler en France » (Biseau, Daumas 2015).

Pour Laurent Joffrin le 11 janvier est « la plus grande manifestation qu'on ait connue en France ». Bien sûr, tout le monde n'y était pas ; on l'a dit, on l'a écrit. Certains l'ont dit eux-mêmes, comme Le Pen : «Je suis Charlie Martel» ; c'est une formule..» (Biseau, Daumas 2015). Surtout, la manifestation a été tout, sauf antimusulmane. Au contraire, elle était fraternelle.

13 Novembre

Pour Laurent Joffrin, avec le 13 Novembre, l'effroi devant l'ampleur de la tuerie, la compassion pour les victimes sont les réactions les plus immédiates et humaines. Il est impossible de ne pas relier ces événements sanglants aux combats qui sont en cours au Proche-Orient. La France y joue son rôle. Elle doit continuer son action sans ciller. Seule l'unité du pays, solide et volontaire, appuyée sur ses valeurs, permettra au pays de   relever son plus grand défi.

Pour Emmanuel Todd, le mal absolu résiste aux historiens, aux philosophes, aux moralistes, aux psychanalystes. C'est même à cela qu'on le reconnaît, à cette béance qu'il laisse en soi et autour de soi. Mais ce qu'on peut penser, ce qu'on doit penser, maintenant, c'est notre aveuglement face au mal relatif de l'inimitié et de l'hostilité, et la manière dont l'un s'articule à l'autre, et pas seulement sur le mode du « laisser-faire ».

Voir la vérité en face

D'un côté ce qui impressionne le plus les éditorialistes c'est l'incroyable unanimité qu'a provoqué ces attentats du 11 Janvier. De l'autre, le 13 Novembre distingue entre l'absolue nécessité de poursuivre nos efforts contre l'Etat Islamique et le fait de ne pas voir l'hostilité, ou l'aveuglement, à l'égard de notre pays.

Suite aux attaques de Janvier, de Novembre et de Bruxelles Zaventem , l'outil internet est devenu l'un des champs d'action prioritaire de la lutte contre le terrorisme. Il est inconcevable, selon Jean-François Pillou, cofondateur du groupe « Comment ça marche », interviewé par Rauline (2016), que les systèmes d'urgence aient été saturés, avec tous les moyens techniques, dont nous disposons. Il est aussi incroyable que Facebook ait initié le dispositif Security Check si rapidement sans que l'idée ne soit pas venue des services publics. Du coup, selon Rauline (2016), tous les groupes industriels se sont lancés, par exemple, dans la création de projets originaux tels que

« Lemontri » qui trie les appels en analysant le contexte,

« Navarro Hotline » : prend le relais des services d'urgence quand ils sont surchargés et géolocalise des SMS.

Que pouvons nous faire

Quelques idées seraient à développer:

☐ Valoriser les trajectoires des français d'origines Algériennes, Tunisiennes, Marocaines,

Africaines issues des 2 ème ou troisième génération.

☐ S'assurer que dans les "quartiers" le foot et la poterie sont bel et bien terminés. Il convient

surtout d'aider et d'accompagner chacun, individuellement, pour qu'il ou elle sache lire,

écrire, compter, avoir des connaissances et un bagage minimum de savoir (s).

☐ Rassurer sur le fait que la capitale (Paris) appartient à tous. Ce n'est pas un monde pour les

autres.

☐ Sortir du "ce n'est pas pour moi" en montrant que tout est permis, à tous, dans une société

libre et solidaire.

☐ Donner du pouvoir aux femmes, c'est envisager une société plus fraternelle. Valoriser

l'image de la femme dans la société.

☐ Travailler à l'école sur la mémoire des anciens, la citoyenneté, l'identité, la richesse de la

diversité des parcours, des ethnies, des cultures.

☐ Combler ce fossé qui s'est créé entre le "pays réel" des banlieues et le "pays légal".

6.16. Du courage pour faire face à l'immigration

En 2015, la Suède avec ses 9,8 millions d'habitants a accueilli plus de 150 000 réfugiés, dont 35 000 mineurs non accompagnés, selon Hivert (2016). L'année précédente, la Suède avait déjà enregistré 81 000 demandes d'asile. Pourtant, jusqu'à présent, le gouvernement refusait de fermer ses frontières, évoquant la tradition d'accueil du pays et ses obligations internationales. Le 24 novembre 2015, le Premier ministre, Stefan Löfven, annonce que la Suède «ne peut plus accueillir autant de demandeurs d'asile» qu'elle l'a fait, jusqu'alors. Les Suédois réclamant un durcissement des conditions d'accueil sont de plus en plus nombreux. Ils sont passés de 30 à 42% en deux mois.

«Etre de gauche, ce n'est pas régulariser tout le monde et se retrouver dans une impasse», selon Manuel Valls, Ministre de l'Intérieur, dans un article de Martine (2012). Dans une interview au Monde du 28 juin 2012, le ministre de l'Intérieur définissait ses principes, en matière de politique migratoire.

La circulaire du 13 juin 2006 ouvrait la possibilité de régulariser, au cas par cas, un certain nombre de personnes en situation irrégulière, en fonction de critères établis au préalable, par le Gouvernement, selon Martine (2012). C'est l'époque de «l'immigration choisie». Elle concernait les parents d'enfants scolarisés en France depuis septembre 2005. Prenons maintenant, le bilan du gouvernement sous la présidence de Nicolas Sarkozy entre 2007 et 2011. Selon les mêmes rapports (le dernier date de 2011), le gouvernement aurait régularisé environ 124 440 personnes en situation irrégulière. Si l'on ajoute les années où Nicolas Sarkozy était ministre de l'Intérieur, cela porte à 156 441 le nombre de régularisations. Ce chiffre est à comparer avec la seule année de régularisation de Manuel Valls en 2015 de 212365 étrangers obtenant leur 1 er titre de séjour. Le flot de régularisations est tout simplement devenu incontrôlable (Baumard 2016).

Que pouvons nous faire

☐ Disposer d'une carte de séjour ou partir. Selon Lemaire, ceux qui n'ont pas de carte de

   séjour et restent sur le territoire posent un problème. Vérifier les titres de séjour.

☐ Contrôler le regroupement familial. Pour le regroupement familial, il n'y a aucun contrôle a

   posteriori des obligations. Les contrôles sont à développer.

☐ Contrôle des activités des migrants. Personne ne vient vérifier que la personne a un travail.

☐ S'assurer que les immigrants en règle bénéficient des conditions décentes à sa famille

   (Dupont 2015).

☐ Dire et redire que la France est un beau pays. Etre en accord avec notre histoire et la défendre.

☐ Célébrer nos grands hommes.

6.17. Du courage pour parler de laïcité

Jaurès, en 1905, prônait une laïcité inclusive et non excluante pour pacifier les relations entre religions et Etat, afin de s'attaquer à la question sociale.

A cette époque, selon Tabet (2016), les jusqu'au-boutistes voulaient interdire aux curés de porter la soutane dans la rue. Le Conseil d'Etat et Aristide Briand s'y sont opposés. La seule coiffe ou le seul vêtement qui soient proscrits sont ceux qui vous cachent le visage … pour des questions de sécurité. La laïcité c'est avant tout du droit. C'est la méconnaissance de la règle, qui crée la jalousie et les rivalités identitaires. Quand un groupe a le sentiment qu'on lui interdit, ce qu'on autorise aux autres.

A l'exemple, selon Tabet (2016), des époux catholiques et musulmans qui souhaitent rester unis dans la mort. Un catholique peut être enterré dans un « carré » musulman ? Il faudrait modifier notre cadre juridique concernant le mariage. Alors que les formes d'union se sont diversifiées (pacs, mariage pour tous) il est toujours interdit de célébrer un mariage religieux sans mariage civil. Est-ce normal ?

Si, comme le souligne Jean Baubérot, historien de la laïcité, selon Clérin (2015), l'attaque de la rédaction de "Charlie Hebdo" et de l'hypermarché casher a atteint les deux finalités de la laïcité (que sont la garantie de la liberté de conscience et le principe de non discrimination). Ce sont, en réalité, les événements, qui ont fait réagir les pouvoirs publics.

Les entorses aux minutes de silence dans certains établissements et le fait que des élèves puissent, plus facilement, se référer à un texte religieux qu'à la devise républicaine ont souligné les lacunes de l'apprentissage laïque à l'école. Najat Vallaud-Belkacem a ainsi annoncé une série de mesures censées y remédier.

Comment font ils aux USA ?

L'exemple absolument inverse des USA est criant : des prédicateurs sur toutes les chaînes de télévision, des églises à tous les coins de rue, Dieu en soutien électoral, Dieu dans les billets de banque, Dieu partout à l'Ecole, dans les Universités, les associations religieuses multiconfessionnelles qui pullulent aux USA. De très gros moyens financiers avancés par des donateurs qui versent chaque mois 10% de leur salaire à l'église, afin de s'assurer une plus grande proximité avec Dieu et finalement une vie plus ordonnée, plus respectueuse de l'ordre, plus attentive à l'écoute des autres. L'imaginaire est protestant, la société consumériste et les églises sont séparées de l'Etat, mais pas de l'Etat de Dieu.

Prendre position devant l'Histoire

L'Etat est confus sur l'affaire du voile à l'école de 1989, selon Inschauspé (2016). Cette faiblesse laisse présager une période de guerre civile à « basse intensité » marquée par une insécurité culturelle et religieuse.
Plusieurs exemples sont donnés par Inschauspé (2016) :
La Turquie, déclarée laïque par sa constitution, est musulmane, par son peuple, et islamiste par son parlement, le gouvernement administre directement les mosquées et imams.

La Suède n'a renoncé au luthérianisme, comme religion d'Etat, qu'en 1999 mais le catholicisme reste la confession préférentielle de l'Autriche,

L'Angleterre où la Reine demeure le chef de l'église anglicane. La laïcité demeure une singularité française.

La France est inconcevable, selon Inschauspé (2016), sans l'église catholique, cela se voit dans son histoire, ses paysages, ses représentations mentales, ses batailles politiques. **Quant à l'appareil éducatif, médiatique, caritatif de l'Eglise, il est vital. Que l'on empêche l'église de faire la charité et l'Etat devra doubler ses budgets de solidarité.** L'Etat de François Hollande c'est un Etat colonial qui joue de la canonnière à l'étranger, jette l'armée dans la rue, pour un semblant de sécurité, et pratique une logique de « bantoustans » à l'égard des minorités, selon Jean-François Colosimo

Que pouvons nous faire

☐ Encourager la garantie de la liberté de conscience. Chacun peut croire en son ou ses

Dieu (x).

☐ Encourager la garantie du principe de non discrimination.

6.18. Du courage pour choisir entre révolution et démocratie

Faire quelle révolution (?)

Un climat insoutenable

Dans la ZAD du Testet, en décembre 2014, Sophie Wahnich dans l'article de Faure Sonya Anastasia Vécrin (2015) rappelle que «la mort de Rémi Fraisse au barrage de Sivens aurait pu être une étincelle [...] Mais cette résistance est restée locale». Or, l'époque est d'une telle intensité politique et réflexive qu'elle peut convoquer à nouveau la période 1789-1795. Une manière de lancer un «avertissement» dans une conjoncture mortifère. Ainsi la révolution peuple, à nouveau, l'imaginaire des artistes. A défaut de remplir la rue.

Faut-il souhaiter la Révolution ?

Non bien sûr, mais il faut se doter d'outils réflexifs justement sur la violence et sa retenue pour que cette révolution soit plus douce, mais réelle. Selon Faure, Vécrin (2015) les nouvelles formes de révolution restent à inventer. Avant que surgisse une rupture visible, il faudra l'émergence d'un sentiment partagé d'une nécessaire reconquête d'humanité.

C'est ce qu'on trouve dans les actions collectives populaires (pétitions) qui permettent de lever beaucoup de monde rapidement pour exprimer une injustice et déclencher, aussi vite, un mouvement de mobilisation groupée qui n'épargne personne. Une vraie forme de démocratie d'appropriation citoyenne du pouvoir selon Rosanvallon (2015).

Entretenir notre démocratie

« Mort à la démocratie ! » : ce slogan, tagué sur les murs de l'École des Hautes Etudes en Sciences Sociales de Paris durant le mouvement contre le CPE, a été pris par la majorité des médias comme la preuve de la folie irresponsable de ceux qui occupaient les lieux selon de Mattis (2015). C'était toucher, là, à un tabou.

La démocratie, comme le capitalisme d'ailleurs, est devenue l'horizon indépassable de notre époque. Tout discours qui tendrait à la remettre en cause est disqualifié d'avance : on ne veut tout simplement même plus l'entendre.
Le droit de vote est censé assumer à lui seul l'expression de la volonté populaire : mais croit-on encore que, quoi que ce soit puisse changer grâce à des élections ? La réponse se trouve dans la démocratie de confiance qui met en avant l'intégrité et le parler vrai (Rosanvallon 2015).

Que pouvons nous faire

☐ Déclencher des pétitions sur des causes justes sera notre forme nouvelle de la Révolution
. (Change.org)
☐ Respecter la Démocratie comme un acquis de long haleine semble la seule voie possible
face aux totalitarismes.

La vraie Révolution est digitale. Elle est là, elle nous attend. Le Big Data engloutit toutes les données, pour restituer une voie optimale de gestion.
Le monde est là qui change sous nos yeux. Prenons le train de progrès et oublions nos querelles de clocher, car le débarquement numérique va envahir toutes nos habitudes et

bouleverser nos métiers, notre manière de travailler, nos domaines d'activité.

Voilà la vraie Révolution

□ Révolution par les outils qui fait évoluer notre communication (réseaux sociaux, emails, smartphone, etc.).

□ Révolution par les évaluations sur notre consommation (avis sur internet, recommandations, etc.).

□ Révolution par l'accroissement de notre productivité Lean management, Kanban, etc.

□ Révolution par la gestion de notre relation au client par le CRM 'Customer Relationship Management et les réseaux sociaux.

□ Révolution avec les supercalculateurs d'Atos

□ Révolution des réseaux et éclatement de toutes les alliances, monopoles, situations acquises. Cette révolution est bien avancée dans tous les domaines. Les taxis ne sont qu'un épiphénomène plus bruyants que les tabacs, les libraires, les agences de voyage, les concessions automobiles qui ont perdu leur clientèle au profit de la vente en ligne.

6.19. Du courage pour le choix des mots

Luchini (2015) parle de Philippe Muray qui établit la nomenclature d'un jargon absurde. Les « emplois jeunes » devenus « emplois d'avenir ». On peut aussi citer les « assistants déchetterie », les « aides éducateurs en périscolaire ». Les « agents d'ambiance ». Les « techniciennes de sol ». Nous respectons infiniment ces fonctions et les personnes de qualité remarquable qui y sont associées. Nous les apprécions au plus haut point, car ils et elles nous aident dans notre vie quotidienne et nous ne pouvons que les remercier. Mais reconnaissons que ces dénominations laissent rêver.

L'un des agents de Pôle Emploi nous livre sa vision des mots choisis dans le traitement du chômage.

Au sein de Pôle Emploi, l'établissement n'a de cesse de dénigrer, de « ringardiser » le terme « d'usager » des services publics pour le remplacer par celui de « client ». Pas un jour où, à longueur de notes et de réunions, on assène aux agents …du « client » (Anonyme CGT 2015). Cela va dans le sens d'une tendance autoproclamée « moderniste », mais en réalité ultra-libérale et profondément réactionnaire, qui a pour but le démantèlement du service public et des valeurs qui sont siennes, et son remplacement par les règles commerciales de l'économie de marché.

A l'inverse, « l'usager » de Pôle-Emploi, service public de l'emploi, terme noble et lourd de signification, est titulaire d'un droit d'usage, qui lui garantit, gratuitement, une égalité de traitement entre usagers.

Après avoir vu le terme « usager » remplacé par celui de « client », et la notion même de « Service Public » disparaître des « éléments de langage » employés par la Direction de Pôle Emploi, les

« encadrants » remplacent le mot « conseil » par celui de « placement ».

Que pouvons nous faire

☐ Adapter les politiques aux hommes, et non les mots aux organisations qui gèrent des hommes. Il convient de s'adapter à la peine, à leurs difficultés en s'attaquant, sans pitié, aux profiteurs. Les éléments de langage ne font pas une politique et ne valident pas pour autant les choix stratégiques, fussent-ils pour Pôle Emploi.

☐ Faire un gros effort. Nous ne sommes pas dupes des méthodes de Pôle Emploi et le constat est fait (nombre de chômeurs), que cette organisation pourrait faire mieux dans un contexte privatisé pour les « bénéficiaires » (les chômeurs).

6.20. Du courage pour faire la synthèse entre Ecologie et Développement Durable

Personne ne sait, aujourd'hui, quels seront les dégâts industriels, au niveau des investissements, réalisés ces dernières années, dans l'industrie pétrolière, selon Le Puil (2015).

Dans l'analyse du rapport du groupe Prospective piloté par Jean Pisani-Ferry sur « Les métiers en 2022 », on partira du constat que les enjeux climatiques semblent inexistants aux yeux des auteurs de ce document. Une position, à la fois surprenante et irresponsable, en ces années 2016 ou s'est tenu en décembre la conférence mondiale sur le climat à Paris.

A aucun moment, selon Le Puil (2015), ce rapport ne fait état de la nécessité de réduire les émissions de gaz à effet de serre, ni de réduire les consommations de matières premières extractibles, dans une économie mondiale, dont le taux de croissance devrait être de 4% par an en moyenne, selon les auteurs du rapport.

Malgré un contexte à leurs yeux favorables, du fait d'une hausse modérée du prix du pétrole, des métaux et des denrées alimentaires, les auteurs du rapport, selon Le Puil, (2015) indiquent que des secteurs comme l'industrie, le bâtiment l'agriculture et l'agroalimentaire seraient plus destructeurs, que créateurs d'emploi d'ici 2022.

Dit autrement, les gains de productivité réduisent l'emploi dans la construction neuve, tandis que le manque d'argent des Ministères, des collectivités locales, des bailleurs sociaux et des particuliers, freine la rénovation des bâtiments, qu'il est urgent de rendre moins énergivore, si on veut contenir le réchauffement climatique..

Le développement durable domine tout

Tout le problème de l'approche écologique c'est son cadre beaucoup trop restreint. En effet si l'on considère sa définition, on s'aperçoit que son domaine (l'écologie) se limite aux relations entre êtres vivants et animaux ou son environnement. Alors que la définition même du Développement Durable ne fait aucun doute sur sa perspective globale dans tous les domaines.

Ecologie : Science qui étudie les relations entre les êtres vivants (humains, animaux, végétaux) et le milieu organique ou inorganique dans lequel ils vivent.
Études des relations réciproques entre l'homme et son environnement moral, social, économique.

Le développement durable « un développement qui répond aux besoins du présent sans compromettre la capacité des générations futures à répondre aux leurs », citation de Mme Gro Harlem Brundtland, Premier Ministre norvégien (1987).
En 1992, le Sommet de la Terre à Rio, tenu sous l'égide des Nations unies, officialise la notion de Développement Durable » et celle des trois piliers (économie/écologie/social) : un développement économiquement efficace, socialement équitable et écologiquement soutenable.

- Efficacité économique, il s'agit d'assurer une gestion saine et durable, sans préjudice pour l'environnement et le social.

- Equité sociale, il s'agit de satisfaire les besoins essentiels de l'humanité en logement, alimentation, santé et éducation, en réduisant les inégalités entre les individus, dans le respect de leurs cultures.

- Qualité environnementale, il s'agit de préserver les ressources naturelles à long terme, en maintenant les grands équilibres écologiques et en limitant des impacts environnementaux.

Que pouvons nous faire

Le développement durable est l'avenir de nos sociétés

☐ Parler définitivement de Développement Durable et oublier le petit domaine de l'Ecologie

☐ Laisser le Développement Durable en dehors de la politique, il n'est ni de droite, ni de gauche. C'est juste la synthèse la plus intelligente d'une approche globale soucieuse des hommes de l'organisation, de l'environnement, de l'économique et du social. Rien à voir avec … l'Ecologie.

6.21. Du courage pour une agriculture compétitive.

Depuis Henri IV et Sully, l'agriculture est l'une des dernières formes du sacré (Julliard (2016). Il reste que depuis 50 ans, la question du prix de revient se pose. En France, ce prix est trop élevé à cause des normes, des charges et des distributeurs (les éleveurs n'en peuvent plus de vendre au-dessous du prix de revient). Or nous sommes bien là face à une véritable confrontation entre les civilisations industrielles et libérales, dont les contradictions apparaissent comme des évidences. C'est bien le marché qui décide. Un marché Européen. Un marché qui s'organise autour d'élevages, dont les animaux ne voient plus le jour, produisant purement et simplement de la viande, sans que les animaux ne sortent dans les prés.

Le consommateur doit prendre ses responsabilités

Il appartient aux consommateurs de faire le choix de bons produits, en direct chez l'éleveur, et délaisser les viandes d'élevage intensifs. L'agriculture, qui s'en sort, maîtrise la production et assure sa distribution via des Amap ou sur internet et gagner de l'argent.
Les Français aiment leur agriculture. Même s'ils se déclarent prêts à acheter les produits de la ferme, plus cher, ils aiment aussi les prix les plus bas. C'est pourquoi, on pourrait se diriger plutôt vers une fixation administrative des prix agricoles.

Un inconvénient : avec un prix élevé, le pays entier souffrirait économiquement. Compte tenu du fait que nos agriculteurs sont des managers au sens propre du terme, il conviendra de laisser le marché s'organiser jusqu'à se rééquilibrer à un moment donné.

L'enjeu de l'agriculture française, selon Daniel (2016) est de maintenir sa qualité, ce qui lui permet de dégager le deuxième excédent commercial du pays (environ 10 milliards d'euros). Cette logique de la qualité est particulièrement forte et réussie dans le domaine viticole, où la production française n'est plus la première en quantité, mais la première en valeur, compte tenu du haut niveau de prix la concernant. Une forte (r)évolution agricole, dans les esprits et l'organisation, est (encore) à mener.

Que pouvons nous faire

☐ Il faut s'interdire de vendre ou d'acheter en dessous du prix de revient.

☐ Le rééchelonnement de la dette ne fait que reporter les problèmes.

☐ Encourager le marché à s'organiser.

☐ Développer de nouvelles formes de distribution directe de produits agricoles aux consommateurs.

6.22. Du courage pour reconstruire nos infrastructures

La situation des Travaux Publics en France est catastrophique, selon Lachèvre (2016). Depuis 2008, l'activité a baissé de 25% avec 35 000 emplois perdus et 12000 destructions en 2015, sans éclaircie en 2016.

La France a un taux d'équipements élevé mais cet équipement vieillit très vite. Par exemple 20% de l'eau potable part dans la nature à cause des fuites. Certaines caténaires de la SNCF ont plus de 90 ans, un pont est fermé tous les jours. En termes d'attractivité, pour les infrastructures, nous sommes passés du 4 ème au 10 ème rang mondial depuis 2008. Selon Lachèvre (2016), pour les ports, nous sommes passés de la 10 ème à la 26 ème place. Une commission du Medef a chiffré à 10 Milliards par an, pendant 5 ans, le montant nécessaire pour revenir au bon niveau d'infrastructure. Les travaux publics sont oubliés, alors que c'est une source de cohésion sociale, avec des emplois peu qualifiés, et la possibilité de progresser ensuite. Ce qui manque c'est une vision globale. Le FNTP a proposé 17 mesures Dans ce cadre, le Gouvernement met des moyens conditionnés à l'évolution des infrastructures, via les collectivités départementales, pour faire évoluer ou démarrer de grands travaux.

La FNTP propose par exemple :

• Un inventaire complet des patrimoines d'une collectivité locale devrait être réalisé dans le cadre de chaque élection afin d'établir un suivi des politiques d'entretien et d'investissement sur le territoire.

- L'entretien et l'investissement des réseaux doivent faire l'objet d'une programmation pluriannuelle assortie d'un budget dédié. Non soumis à un vote annuel, ces dépenses seraient ainsi sécurisées afin de permettre les travaux de maintenance et de renouvellement des réseaux sur plusieurs années
- L'entretien d'un million de kilomètres de réseau routier et l'investissement nécessaire pour le désengorgement de nombreux axes constituent des problématiques cruciales pour nos territoires.
- Remettre en cause les méthodes de calcul du Pacte de Stabilité et de Croissance afin d'exclure les investissements en infrastructures du calcul des déficits publics.
- Financer par l'emprunt des réalisations dont la durée de vie est supérieure à une génération n'a rien d'antiéconomique.
- La constitution d'un Conseil National des Infrastructures répondrait à l'absence actuelle de lieu de concertation, d'expertise et de suivi.

Que pouvons nous faire

☐ Lancer des grands travaux. Ce qui remettra les Français au travail.

☐ Disposer d'une vision globale pour élaborer un projet d'équipement et de restauration d'équipement.

Du courage pour conclure

Une libération générale de l'économie, des entreprises, des individus sortirait la France du sectarisme actuel. C'est le seul espoir que nous avons de nous échapper de ce "communisme mou" (Giesbert) dans lequel notre pays est englué. Cette libération accompagnée d'une meilleure implication à tous les stades dans la vie de la Cité est amenée à rassurer des électeurs Les Républicains, UDI comme PS, Ecologistes, Front de Gauche, Communistes tentés par le vote à l'extrême droite.

L'une des difficultés majeures de tout Président Français consiste à résister aux grandes mobilisations (régimes spéciaux, temps de travail, éducation) et aux capacités de nuisance des bénéficiaires de régimes spéciaux, des forces syndicales et de l'Education Nationale. Sans parler des milliers d'agences étatiques installées pour servir les pouvoirs, en remerciement d'actions favorables…. Face à ces blocs et aux difficultés qu'elles engendrent, nos élites sont incapables de traiter des situations complexes, et contribuent, plutôt, à un Etat clientéliste. Un travail fédérateur pourrait être envisagé, avec chaque force de résistance, pour trouver une voie optimale.

Vous n'avez pas tenu vos promesses en 2012 et en 2007. Vous devez vous engager avant l'élection en 2017

En prenant la mesure d'une exaspération nationale, profondément ancrée en chacun de nous, dans tous les milieux, dans toutes les conditions, nos candidats devront aller beaucoup plus loin que les quelques mesures symboliques. En ce sens, les mesures qui précèdent sont, certes, dures, mais attendues, par des électeurs très remontés, par des politiques qui n'ont pas tenus leurs promesses. En l'occurrence, vous ne pouvez plus tenir le langage selon lequel "les promesses n'engagent que ceux qui y croient". L'électeur a perdu sa naïveté. La vérité par les faits, c'est le challenge de 2017.

Le peuple de France prêt aux décisions radicales

Nous ajouterons que le peuple de France est conscient que des décisions radicales doivent être entreprises. Jamais, à aucune période de notre histoire, le peuple de France ne s'est senti aussi concerné par la nécessité d'un changement, qui soit autre chose que des mots (« Changer la vie » Ah oui pour les impôts on est gâtés !). **Les Français ont compris qu'on leur a menti sciemment lors des dernières élections et qu'on leur ment encore aujourd'hui.** Ils ne sont pas prêts de « se faire avoir » une deuxième fois. Ils observeront les propositions avant les élections et vérifieront qu'elles soient appliquées après les élections.

On demeure tout de même étonnés par le peu de réactions du corps électoral en face d'un pouvoir manipulateur qui sort régulièrement de son chapeau des contre feux, des épouvantails, des dragons voués à nous impressionner.

Comment comprendre qu'il n'y ait aucune contre manifestation pour dire « nous en avons assez ! »

Que pouvons nous demander à nos candidats

☐ Mettre de la liberté dans notre vie quotidienne pour les entreprises, les individus.

☐ S'assurer que les promesses sont tenues.

☐ Maintenir l'Etat dans le cadre bien précis du Régalien (la sécurité extérieure, la diplomatie, la défense du territoire, assurer la sécurité intérieure et le maintien de l'ordre public, le droit et la justice, la souveraineté économique et financière –monnaie-, par le biais d'une banque centrale).

☐ Eviter d'interférer, pour l'Etat, dans les domaines privés, commerciaux, industriels. Laisser les entreprises réussir, arrêter de leur mettre des bâtons dans les roues, limiter les normes, cesser les contrôle intempestifs. Laisser respirer la France.

☐ Inviter les candidats à la Président de la République à offrir une vision globale à 10 à 15 ans de ce qu'il ou elle veut développer dans le domaine des grands travaux et une réponse dans le domaine numérique et digital. Quels développements technologiques et quel grand avenir pour quoi.

Du courage (et de la fantaisie) pour trouver quelques bons messages possibles pour la France

« Une France productive en développement »,

« Une France de progrès en marche »,

« Une France ouverte pour accompagner, intégrer et faire gagner »,

« La France de demain : progrès, efforts, résultats, apprentissage, tolérance »,

« La France de demain : développement, différences, partage, solidaire »,

« La réussite Française : transformer, évoluer, changer en permanence, dans un monde en perpétuel mouvement, pour accompagner l'excellence de la France dans le monde »,

« La France dans le monde : faire la différence par le génie, l'innovation, la force des équipes, des valeurs collectives fortes »,

« La France du futur : réunir nos forces pour dégager des voies nouvelles »,

« La France du futur : numérisation, robotisation, automatisation, intégration, individualisation afin de propager et faire partager nos forces et notre culture avec le monde »,

Du courage (et de la fantaisie) pour trouver quelques bons messages possibles pour les Français.

« Un candidat encore plus à l'écoute des citoyens»,

« Plus proche de vous, plus à l'écoute, plus pratique : des réponses et des solutions nouvelles »,

« Plus vrai, plus d'expérience, plus réaliste »,

« De nouvelles approches, une meilleure écoute vers des décisions plus concrètes »,

« La force de l'expérience, la pratique du pouvoir, le bon sens politique et humain »,

« Dignité, représentation, constitutionnalité »,

« Restaurer les valeurs, au plus près des citoyens, dans un esprit de tolérance, de sérénité et de sécurité »,

« Faire face, répondre aux difficultés, apporter des solutions »,

« Construire l'avenir de vos enfants, simplifier vos procédures, apporter des réponses à vos besoins »,

« Bon sens, réalisme, intégrité pour rendre votre vie plus facile »,

« Oui aux solutions, oui à la vérité, oui à la décence ».

250 Propositions pour Sauver la France

Chapitre 1 La France et les Institutions

1.1. Du courage pour une France qui mérite mieux que ses états d'âmes

La Charte des Français : on veut que notre France redevienne numéro 1

□ Expliquer en adulte (qui, ou, quand, quoi, comment, combien) aux Français les orientations, les décisions politiques.

□ Savoir leur dire qu'on est en faillite (merci au courage Fillon d'avoir osé ce mot de lèse-majesté). Savoir fixer aux Français des objectifs, des résultats (oui des résultats), ce n'est tout de même pas compliqué, c'est ce qui se passe tous les jours dans le monde entier dans toutes les organisations. Pourquoi la France en serait exonérée ?

□ Engager chaque Français à faire mieux, à produire plus, à mieux accueillir nos visiteurs étrangers, à mieux se conduire sur les routes, à laisser un pays propre, à veiller sur sa consommation électrique propre, car c'est toute notre filière électrique qui peut évoluer vers des énergies renouvelables etc..............

1.2. Du courage pour voir que la France est un pays disposant de ressources exceptionnelles.

□Allons dire au monde que nous avons beaucoup à offrir et à partager .

1.3. Du courage pour changer la matrice et définir quelques exemples de programmes pour les Présidentielles

Nous préconisons

□ Une fiscalité juste,

□ Un code du travail simplifié

☐ Un meilleur contrôle de la dépense publique,

☐ Un effort sur l'apprentissage

☐ Un allégement des droits de succession

☐.Une négociation accentuée entre patronat et syndicat.

☐.Une flexibilité (oui on utilise le mot à dessein) rendue obligatoire par la concurrence mondiale et européenne. Si on ne se réveille pas, nous serons envahis par le monde entier et coulerons corps et biens car nos concurrents se régalent de nous voir avec nos rigidités et font baisser leurs prix car leur coût du travail est plus bas. Désolant que les lois EL Khomery ne soient pas passées, car la France vient encore de manquer une occasion de se redresser aux yeux de toute l'Europe. La honte !

☐ Un effort dans le numérique et le digital. Impliquer toute la France avec des changements technologiques majeurs.

☐ Une remontée des seuils sociaux. Qu'on arrête d'ennuyer les PME

☐ Une participation obligatoire de tous les salariés aux syndicats

1.4. Du courage face à l'inquiétante montée des révoltes invisibles

☐ Inviter nos élus à réduire le train de vie de l'Etat.

☐ Ecouter les peuples, les retraités, les jeunes, pas seulement le dire, mais le faire.

☐ Lutter pied à pied contre toutes les désindustrialisations.

☐ Répondre à la concurrence sauvage.

☐ En terminer définitivement avec la guerre du genre à l'Ecole.

☐ Dire courageusement aux citoyens que la situation est grave.

☐ Changer le personnel politique connu vers des personnes qui apportent un renouveau, quelque soit leur âge.

☐ Démontrer techniquement que le personnel politique a tenu ses promesses.

1.5. Du courage pour adopter les méthodes des pays qui réussissent mieux que la France

☐ Arrêter les recrutements massifs de fonctionnaires et laisser partir avec un remplaçant sur trois ceux qui partent à la retraite.

☐ Ne plus engraisser un Etat ou des collectivités locales qui recrutent par clientèlisme.

☐ Faire savoir à nos élus qu'ils ne doivent plus dépenser **notre** argent à leur guise car ils nous sont redevables, pas seulement le jour de l'élection, mais durant toute la mandature. Les français vont surveiller les élus qui dépensent trop.

1.6. Du courage pour rétablir un peu de justice et d'égalité devant l'impôt

Les Français sont considérés comme un peuple performant. Accompagnons cette performance d'un acte d'intelligence et de pratique.

☐ Rencontrer nos Maires, nos conseillers municipaux, territoriaux, députés, Sénateurs pour chercher, avec eux, comment participer à une stratégie de baisses des dépenses.

☐ Inviter nos Ministres à présenter leurs comptes, les postes qu'il ou elle rabotera,

☐ Encourager nos Ministres à nous indiquer les réductions d'effectifs, les éventuelles augmentations (comment les abaisser)

☐ Convenir avec les élus de leurs stratégies d'économies.

1.7. Du courage pour une imposition plus douce qui rapporterait plus

☐ En terminer avec la taxation sur le capital (qui fait fuir les investisseurs).

Le Ministère des Finances souhaite passer en 2017, 2018 à la taxation à la source. Ce qui nous parait intéressant.

☐ Organiser une taxation uniforme de 15 % applicable à tous, qui permettrait de payer tous les impôts en même temps.

☐ Faire évoluer la taxation en fonction des besoins, cette taxation pourrait légèrement baisser ou légèrement augmenter dans des limites maximales de 1 à 2% et serait moins douloureuse pour tous.

1.8. Du courage pour lutter contre l'évasion fiscale et prendre des mesures qui ramèneraient nos investisseurs partis sous des cieux plus cléments.

☐ Fin de l'ISF.

☐ Suppression des droits de succession.

☐ Suppression des droits de succession en cas de transmission d'entreprises.

☐ Recrutement au Ministère des Finances de bons limiers de l'évasion fiscale.

1.9. Du courage pour revoir les politiques en matière de logement

□ Faciliter, comme en Allemagne, la construction en optant pour une TVA nulle, comme en Angleterre, en fixant un prix plafond dans chaque ville.

□ Réserver un étage sur 2 ou 3 ou 4 aux handicapés.

□ Simplifier le code de l'urbanisme et maîtriser les prix quand les communes acceptent de vendre les terrains moins chers si le promoteur s'engage sur un prix au mètre carré plafonne.

□ Mettre à disposition des dotations d'Etat pour des maires bâtisseurs.

1.10. Du courage pour construire moins cher

□ Baisser les taux de TVA pour tous les logements.

□ Passer de 20 à 10% (TVA) en favorisant l'investissement immobilier. Le ministère des Finances disposerait ainsi d'un impôt à faible taux mais à assiette large.

□ Libérer les terrains.

□ Alléger les normes en réduisant les coûts de la construction.

□ Réajuster des prix actuellement sur évalués de 10 à 15 %.

□ Construire plus de logements pour les démunis.

□ Revoir le coût de la garantie dommage ouvrage.

1.11. Du courage pour donner LA priorité à l'accessibilité aux handicapés

□ Elaborer des actions de groupe et offrir des fauteuils roulants à nos Ministres pour leur montrer les effets de leurs politiques distantes et la peine des handicapés à se déplacer dans des villes ou des campagnes, dans des locaux publics.

□ Résister aux effets d'annonce. Il y a quelque chose de choquant à ne pas voir réglée cette question et le report aux calandres grecques de décisions qui auraient dues être prises depuis longtemps.

Voila une vraie bonne cause qui mérite que la nation s'en empare et rende obligatoire l'accessibilité à tous les établissements publics sans exception. A nous de jouer...

1.12. Du courage pour se débarrasser des lois embarrassantes….

Pour Monassier (2015), on peut imaginer de :

□ Exonérer de droits de mutation à titre gratuit pour une première mutation les propriétaires de logement neufs.

□ Assurer une liberté contractuelle pour les baux d'habitation de logement neufs.

□ Exonérer la taxation des plus values en cas de vente d'un bien immobilier au bout de 22 ans pour l'impôt sur le revenu et 30 ans pour la CSG. Il conviendrait de ramener ces 2 délais à 15 ans.

1.13. Du courage pour dépenser moins avec la Cour des Comptes mise en valeur.

□ Fixer des règles et des objectifs publics aux collectivités locales, territoriales à l'Etat qui se décharge facilement des dépenses sur les collectivités.

La Cour des Comptes apparait ici comme un acteur incontournable dans la réduction des dépenses de l'Etat.

Son importance est si grande à nos yeux que ses interventions devraient être publiques sur les chaines de télévision aux heures de grande écoute (la Cour des Comptes en Prime Time….).

Ce sera toujours plus intéressant qu'un Président de la République qui vient faire son show tous les 6 mois en espérant se rabibocher avec des concitoyens de plus en plus suspicieux.

Chapitre 2 La gestion de l'Etat

2.1. Du courage pour mettre les élites au piquet

□ Revenir sur l'accès direct des énarques aux trois corps: l'Inspection des finances, la Cour des comptes et le Conseil d'Etat.

□ Changer le modèle des inspecteurs des finances trop jeunes, qui mènent des inspections sans expérience, dans un service administratif. Ils ne donnent pas une bonne image., car ils manquent d'expérience.

□ Gravir les échelons, dans des carrières plus progressives, au cours desquelles ces hauts fonctionnaires évoluent.

2.2. Du courage pour limiter le nombre de représentants de l'Etat

□ Lancer une action collective visant à réclamer un référendum sur la réduction du nombre de députés et de sénateurs.

□ Exiger que figure dans la constitution un nombre maximum de 10 ministres autour du Président.

2.3. Du courage pour valoriser nos fonctionnaires

Le mérite est une bonne méthode pour réformer la Fonction publique. Ce n'est pas être contre les fonctionnaires, mais cela permet de réfléchir à la modernisation du cadre de l'Etat.

□ Valoriser la part de mérite et d'évaluation dans la rémunération de la Fonction publique afin d'assurer une modernisation de leurs fonctions. Nous sommes d'accord avec le Ministre de l'Economie de l'Industrie et du Numérique sur Europe 1 : "la performance quand on est fonctionnaire, ne se mesure pas forcément comme dans l'entreprise parce qu'on est en charge de l'intérêt général". Cet avis semble partagé par de nombreux Ministres socialistes. Il est grand temps d'évaluer ces personnels au mérite. Allons-y. Mettons ce projet en application dès maintenant. Il n'est plus question d'attendre.

□ Créer un contrat de 5 ans permettra de limiter le statut des fonctionnaires à vie.

□ Limiter le nombre de fonctionnaires, réduire la charge de ces personnels.

2.4. Du courage pour réduire le nombre de conseillers territoriaux

□ Procéder au non-remplacement de deux fonctionnaires sur trois ou le non remplacement simple pour réduire la charge de ces personnels.

□ Réduire le nombre d'élus territoriaux par 3 ou 4.

□ Déclencher une action collective pour réclamer un référendum sur la réduction du nombre des élus pour en diminuer les coûts.

2.5. Du courage pour admettre que la France est en commission de surendettement

□ Attaquer par une lutte renforcée les déficits publics, via des coupes drastiques dans les dépenses de 10% dans tous les ministères sans exception.

□ Ne plus vivre à crédit (1).

□ Revenir à un niveau normal de dépenses pour ne pas faire peser sur nos enfants les erreurs

des précédents gouvernements et réduire l'invraisemblable dette française.

□ La retraite à 65 ans : on a pas le choix. Nous voyons bien que c'est le seul moyen de s'en

sortir

2.6. Du courage pour pousser la croissance

Prenons l'exemple de l'île Maurice. Marc Touati (2015) considère, qu'en économie, tout se mérite et que les réussites sont le fruit du travail. Il cite l'île Maurice comme une économie libérée, une faible fiscalité, la paix sociale, des dépenses publiques à 24,5% du PIB vs 57% en France et 38% aux USA, économie pourtant libérale, une croissance (hors inflation) de 215% entre 1990 et aujourd'hui, à comparer aux 30% sur la même période en France. Il propose aux mauriciens de développer des projets futuristes dans les domaines High Tech comme les nanotechnologies ou les révolutions technologiques dans l'agro-alimentaire ou l'énergie.... Et nous Français, ne pouvons-nous faire aussi bien que les Mauriciens ?

2.7. Du courage pour chasser toutes les subventions inappropriées

□ Refuser toute forme de subvention sans présentation d'un bilan financier. Une aide peut être versée conditionnellement avec un projet et un contrôle des résultats.

□ Soutenir financièrement et par bénévolat toutes les associations qui nous entourent : il s'agit, là de civisme pour nous tous.

Un nouveau besoin doit être exprimé pour bénéficier d'une nouvelle subvention. Pas plus de 2 subventions consécutives.

□ Qui demande la subvention (les noms, les fonctions, les adresses, les motivations),

□ Qui décide de la donner (les noms, les fonctions, les adresses, les motivations),

□ Qui est bénéficiaire, quels objectifs(les noms, les fonctions, les adresses les motivations),

□ Quels résultats attendus(les noms, les fonctions, les adresses, les motivations de celui qui contrôle).
□ En quoi les résultats attendus servent la communauté,
□ Quel est le prix à payer
□ Quelles sont les postes du budget

2.8. Du courage pour sacrifier le principe de précaution

□ Limiter le principe de précaution à des situations extrêmes
□ Arrêter de l'invoquer à toutes occasions, car il freine notre développement économique. La question de l'évaluation du risque aurait l'avantage de mieux expliquer ou justifier les décisions de nos politiques.
□ Transformer le principe de précaution en principe de responsabilité

2.9. Du courage pour libérer les énergies

Il est grand temps de se réveiller de ces décennies règlementaires pour libérer, dans tous les domaines, les activités industrielles. La raison est simple. Le monde est en plein bouleversement et aucune profession n'est à l'abri des changements radicaux provoqués par le progrès numérique. Plutôt que de rester dans la seule critique, nous vous proposons
□ Accompagner, voire devancer les progrès exponentiels, à venir, afin de rester dans le « trend » du progrès.
□ Oublier les vieilles querelles et se réveiller pour participer à l'aventure numérique. Une (r) évolution dans tous les sens du terme.

2.10. Du courage pour lutter contre les normes

□ Engager un chantier sans concession de facilitation pour sauver notre économie sans céder aux fonctionnaires.
□ Décider seules les normes européennes (beaucoup moins contraignantes que les usines à gaz montées par des fonctionnaires trop pointillistes) s'imposent en France à l'exception des produits agricoles et viticoles.
□ Profiter des nouvelles simplifications pour mieux contrôler votre entreprise

2.11. Du courage pour ne pas mentir (?)

□ Sensibiliser les salariés s'impose dans une grande campagne.
Nous ne pouvons pas
accepter des mensonges, dans un monde ou tout va si vite.

☐ Prendre nos responsabilités. Par exemple les salariés ont tendance à maquiller certains

points de leur curriculum vitae. Il est de la « responsabilité » des entrepreneurs de réclamer

les originaux des diplômes lorsqu'ils embauchent des salariés.

☐ Lire le double langage. Pour Pôle Emploi, nous n'avons jamais été dupes du double

langage et de la facilité à rayer les chômeurs des listes (« ça en fait un de moins »).

☐ Agir immédiatement en privatisant Pôle Emploi et en recrutant de vrais spécialistes des

carrières. Le doble langage s'arrêtera devant la productivité et une politique de résultats

avec objectifs de réussite de placement des chômeurs.

Chapitre 3 Le partenariat social et l'entreprise

3.1. Du courage pour réformer le droit du travail

☐ Reprendre le code du travail suisse et s'en inspirer afin de présenter un code nettement plus léger.

☐ Simplifier le code du travail a l'avantage de faire gagner du temps à tout le monde : fini la course à l'article et le contre argument dans tel article.

☐ Favoriser la négociation collective pour décider ce qui est bon dans telle entreprise et ce qui l'est moins dans telle autre. Chaque entreprise a ses propres spécificités. Il s'agit d'adapter la situation au type d'entreprise.

3.2. Du courage pour mieux négocier entre patrons, héros discrets et syndicats auréolés par leur esprit positif

☐ Négocier. La gouvernance au travail et la négociation collective dans les entreprises de toutes tailles parait utile au dialogue social.

☐ Réfléchir. Une cellule de réflexion sur la nature du salariat parait adapté à l'évolution vers un monde numérique.

3.3. Du courage pour un syndicalisme reconnu et validé par tout le pays

☐ Proposer aux syndicats de présenter leurs comptes à la Cour des Comptes.

☐ Clarifier les revenus des syndicats et renforcer leur influence (transparence de financement)

☐ Trouver une vraie représentation syndicale forte de tous les salariés par adhésion obligatoire.

☐ Privatiser l'assurance chômage par les différents assureurs.

3.4. Du courage pour un peu de justice sociale entre public et privé

Trouver un angle d'attaque pour rapprocher les régimes spéciaux des régimes privés en

créant un régime universel.

☐ Rechercher plus de justice et d'égalité de tous face au travail et par justice sociale.

☐ Renforcer la cohésion sociale.

☐ Avoir le courage d'aller jusqu'au bout des réformes sur le code du Travail.

3.5. Du courage pour bien négocier

☐ Laisser le patronat et les syndicats négocier les retraites comme ils l'ont fait avec succès

3.6. Du courage pour cadrer les objectifs de retraites

☐ Préparer un relèvement progressif de **l'âge légal de départ à la retraite à 65 ans**. Cette mesure apparait plus favorable qu'une nouvelle pénalisation pour les retraités qui ont bien mérité leur pension. Il est injuste, pour tous, de voir qu'on puisse anticiper d'accroître de la prime d'activité ou le SMIC et réduire les pensions des retraités.

☐ Dire la vérité. Si la politique consiste à introduire les fonds de pension, pour une part de retraite ou entièrement, il faut le faire savoir et bien convenir, avec tous les français, qu'un changement est en train de s'opérer et que chacun doit prendre ses dispositions pour les 10, 20, 30 ou 40 ans à venir.

☐ Féliciter les syndicats signataires et les patrons. En attendant, les régimes complémentaires Agirc Arrco sont sauvés de la faillite, par les syndicats et les patrons, en réalisant 5 Milliards d'économie en 2017 avec le soutien de l'Etat. Mission accomplie des syndicats et du patronat sur les retraites complémentaires.

☐ Encourager la Cour des Comptes à poursuivre ses observations dans tous les domaines. La Cour des Comptes avait présenté un projet sur les retraites complémentaires en 2014 qui a aidé les participants.

3.7. Du courage pour proposer l'entreprise comme "trésor national" pourvoyeuse de richesses et d'emplois.

☐ Baisser l'impôt sur les sociétés et encourager en parallèle les entreprises à s'investir dans un contexte dynamique nouveau.

☐ Réorganiser la fiscalité en diminuant les charges pesant sur les entreprises,

☐ Décider que, seules, les normes européennes s'appliquent à la France, sauf dans quelques cas comme les fromages, les vins et la gastronomie française. Les normes françaises ne s'appliquent plus en tout état de cause.

☐ Faire figurer sur les fiches de paie de tous les collaborateurs, l'ensemble des charges patronales et salariales, afin de disposer d'une bonne visibilité, pour chacun, de son gain réel (le coût réel du salaire pour l'entreprise, ce qu'il faut sortir précisément).

☐ Libérons une majorité de ces entreprises privées du joug de l'Etat pour rembourser une partie de nos dettes.

Chapitre 4. Le développement professionnel

4.1. Du courage pour ouvrir un droit au travail.

☐ Élargir la notion de contrat de projet sur le temps d'une mission.

☐ Faire participer tous les salariés à la croissance de leur entreprise.

☐ Objectif: fini les 35 heures et place à une société normale ou le travail s'inscrit dans un projet de vie. Les 35 h n'ont pas ruiné la France. C'est l'idée que le travail était malsain, négatif, non porteur de bonheur, qui brise nos meilleures volontés. Il est plus que temps de se réveiller.

☐ Déclencher un retour des heures supplémentaires défiscalisées

☐ Permettre aux personnels de gagner plus en travaillant plus.

4.2. Du courage pour repenser aux RTT

☐ D'accroître le contenu en emplois répondant à la croissance» si faible soit-elle.

☐ Equilibrer la vie personnelle et vie professionnelle pour répondre à une plus grande
      demande des femmes.

☐ Développer les outils pour répondre à la dépendance.

☐ Faciliter la vie aux aidants familiaux consacrant plus de temps à leur famille ou à leurs proches.

4.3. Du courage pour valoriser notre travail

□ **Mettre l'accent sur le travail et non les loisirs et le repos.**
Désolé de vous décevoir. Mais regardons les choses en face. Nous sommes sur un marché mondial et ce n'est pas nos idées franco françaises qui font loi sur le marché mondial. Allez, un petit effort ! On se remet au travail et on redevient le pays le plus productif du monde. Du travail, de l'intelligence nous remettent dans le circuit du succès mondial. Nous savons tous que l'intelligence et le courage des Français peuvent faire des miracles. Il est grand temps de montrer notre potentiel d'ingénierie, de créativité, d'intelligence.

4.4. Du courage pour répondre à la question du chômage

□ Former des citoyens bénévoles, disposant de méthode, pour redonner le sens de leur utilité, à des milliers de chercheurs d'emploi, expression d'une société bienveillante, inclusive, ou la fraternité se vit au même titre que liberté et égalité.

□ Revenir à un niveau de protection plus raisonnable Le chômage coûte d'autant plus cher, que la France a la durée d'indemnisation la plus longue (2 ans, et 3 ans au-dessus de 50 ans) et le montant d'indemnisation le plus élevé (le maximum est à plus de 6000 euros/mois). Ce système n'incite pas à se battre pour retrouver rapidement un emploi. L'un des vrais problèmes à régler c'est, d'une part, le manque de compétences des chômeurs, qui ont une qualification insuffisante, et, d'autre part, peu de pénalités pour les chômeurs inactifs.

□ Définir un niveau de sanctions dissuasives pour les bénéficiaires qui abusent du système

□ Donner à Pôle Emploi plus de moyens pour sanctionner un chômeur qui ne se donne pas assez de mal pour trouver un travail: une radiation de 15 jours, qui ne fait que décaler, dans le temps, le versement de l'allocation. Pour durcir les sanctions, Pole Emploi est obligé de constituer un dossier qui est envoyé au Préfet, seul compétent. Procédure trop lourde. C'est Pole Emploi qui devrait gérer ce type d'affaires.

□ Indemniser au même salaire que durant son activité le chômeur pendant 6 mois. Réduction de 50% à partir de 6 mois et arrêt d'indemnisation au bout d'un an.

Pas de réduction de 50% au bout de 6 mois pour les chômeurs qui se forment dans les secteurs d'avenir.

☐ Permettre à l'entreprise de mieux gérer des cycles mouvants et un environnement économique mondial variable. Redonner à Pole Emploi la maîtrise de la gestion des allocataires.

☐ Réduire les allocations. La Cour des Comptes selon Visot (2016) alerte sur la situation financière de l'Unedic, préconise de réduire les allocations, suggérer la taxation des prestations familiales, la maîtrise des dépenses de personnel dans les Collectivités Territoriales.

☐ Robotiser car selon le think tank « La Fabrique de l'industrie », cité par Lachèvre (2016), il est démontré dans une étude de décembre 2015, qu'il n'y pas de corrélation entre le nombre de robots par salarié et la destruction des emplois industriels. « En augmentant la productivité, les robots stimulent l'investissement des entreprises, donc stimulent l'activité économique en soutenant la demande », expliquent-ils. De quoi laisser supposer que l'industrie du futur « pourrait être un levier pour réindustrialiser la France».

4.5. Du courage pour dire oui à la Prime d'Activité avec un travail collectif.

☐ Nous approuvons les mesures prises par le Conseil territorial du Haut Rhin pour offrir aux bénéficiaires de la prime d'activité une activité correspondante. Cette activité est positive car elle remet les indemnisés dans le circuit et leur donne, peut être, une chance de se réinsérer. Quelque soit les résistances légales, juridiques ou institutionnelles, il convient d'appliquer cette mesure dans tout le pays.

☐ Le gouvernement a décidé d'augmenter désormais toutes les prestations sociales au 1er avril 2016, du coup, pas de hausse du RSA au 1er janvier 2016. Idem pour les aides du logement. Le coût du RSA s'élevait à 10 Milliards en 2015 avec des progressions de 9% entre 2012 et 2014. Si l'on prend en compte le RSA, l'APA (allocation personnalisée d'autonomie) et la prestation de compensation de handicap (PCH), ces dépenses sociales représentent près de 30% du budget de fonctionnement des départements. Le gouvernement devra faire un effort pour éviter de grosses résistances des autorités locales.

4.6. Du courage pour dire oui a un Smic adapté, oui a une politique qui déclenche l'emploi de tous, même les non qualifiés.

□ Ajuster un « SMIC sans qualification » un peu plus bas à un niveau qui permet de recruter des chômeurs sans qualification et maintenir l'autre SMIC pour des ouvrier ou employés avec une expérience.

4.7. Du courage pour dire non aux emplois aidés

□ Arrêter les emplois aidés.

□ Développer la formation tous azimuts, dès 14 ans.

□ **Faire de la formation par alternance la voie royale en stigmatisant le fait que c'est la garantie de l'emploi.**

□ Informer les élèves par des personnels spécialistes. Les élèves, à l'Ecole, doivent être informés par des personnels de la Formation Continue et de l'Enseignement Professionnel **des possibilités offertes par l'alternance, une voie royale à l'Allemande.**

Nous ne pouvons plus laisser à l'Education Nationale le monopole de l'information sur les carrières, car les Maîtres et les Professeurs ont tendance à pousser les élèves à aller jusqu'au Baccalauréat (probablement à juste titre), mais dans certains cas, il aurait mieux valu orienter, dès 14 ans des élèves en perdition pour éviter un gâchis monstre.

4.8. Du courage pour dire non au compte pénibilité.

□ Supprimer purement et simplement le compte pénibilité. Encore une idée unique au monde dont on se serait bien passé. Comment faire la différence pour un conducteur de tracto-pelle lorsqu'il roule sur une route classique ou sur un chantier qui déclenche des vibrations. Comment et ou mesurer ? C'est pourtant ce qui devrait être fait. Vous, si vous étiez chef d'entreprise, vous vous demanderiez comment traiter le problème et aussi quel en est le coût ? Encore des charges sur les entreprises !

□ Revaloriser la notion de travail. A cette occasion, on s'aperçoit que la bonne santé, on la garde lorsqu'on travaille. Avec la retraite et l'arrêt d'activité, passé les premiers mois enthousiasmants, les nouveaux retraités reviennent sur le site de leurs exploits avec quelques regrets et l'impression de moins diriger leurs vies.

Chapitre 5 Le développement personnel, enfants, éducation, insertion

5.1. Du courage pour rendre aux familles ce qu'on leur doit

☐ Revenir sur ces décisions (réévaluation des allocations, retour du quotient familial, réévaluation des prestations pour le jeune enfant) car on s'aperçoit d'un énorme manque à gagner ressenti par l'ensemble de la population, déclenchant une baisse de la natalité, l'un de nos points forts. C'est vraiment le type même de mauvaise décision.

5.2. Du courage pour relancer l'investissement pour les jeunes

☐ Exonérer les charges sur les donations.

☐ Faciliter plus de donations aux petits enfants.

☐ Diminuer la fiscalité sur le capital (elle est 5 fois plus importante que sur le revenu et fait fuir tous les investisseurs.

5.3. Du courage d'offrir plus de responsabilisation pour les chefs d'établissements

☐ Personnaliser les parcours des élèves en revenant sur le collège unique.

☐ S'adapter à l'enfant plutôt que de lui coller des modèles tout faits, inadaptés.

☐ Détecter les difficultés. Il est tout de même incroyable de voir des écoles juger qu'un enfant ne suit pas en classe ou se trouve en décalage par rapport à la classe et que le professeur ne détecte le problème que tardivement

☐ Apprendre les bases. On garde en tête l'idée selon laquelle il faut une bonne dizaine d'heures de français par semaine (voire 15 heures), une option professionnelle, dès la sixième, et un nombre d'heures de cours plus élevé et mieux rémunéré pour les enseignants, avec plus d'autorité.

☐ Uniformiser les tenues. Uniforme pour tous les élèves jusqu'au Bac afin d'aplanir les différences sociales trop visibles dans l'habillement.

☐ Assurer la securité. Former TOUS les élèves aux premiers gestes de secours et enseignement du code de la route pour tous.

☐ Orienter les élèves dans l'apprentissage dès 16 ans, voire 14 ans. **Tous les élèves doivent pouvoir trouver une voie dans l'apprentissage, la voie royale comme en Allemagne**. Nous sommes bien conscients que l'éducation nationale freine les candidats à l'apprentissage,

- d'une part en ouvrant le moins possible de classe à l'apprentissage avec le moins possible de place

- d'autre part en encourageant plutôt les élèves à aller jusqu'au Bac.

☐ Sélectionner pour mieux orienter : la préoccupation aujourd'hui c'est l'employabilité.

☐ Développer des cursus sélectifs : les familles demandent des cursus sélectifs car elles recherchent des formations de qualité.

☐ Construire un parcours : laissons aux étudiants la liberté de construire un parcours professionnel.

☐ Impliquer les élèves dans l'entretien de leur école.

5.4. Ouvrir nos portes aux étudiants étrangers

☐ S'employer à l'organisation d'une formation professionnelle pour les très jeunes (14 ans). Cette formation ne plait pas à l'école. Il faudra renforcer l'apprentissage que la gauche ou l'Education Nationale démolit systématiquement (Dupont, Lefebvre 2015).

☐ Renforcer l'apprentissage de tous, principalement dans des secteurs demandeurs de main d'œuvre, pour les chômeurs: BTP, hôtellerie, métiers de la viande, plomberie, aéronautique, informatique, mécanique, sciences, ingénierie, énergies marines, éoliennes, offshore, biomasse, techniciens et ingénieurs matériaux bio sources, bio procédés, méthanisation, efficacité énergétique, techniciens RSE (responsabilité sociétale de l'entreprise) ou QHSE (qualité, hygiène, sécurité environnement), isolation, récupération de chaleur, ingénieurs thermiques, génie thermique (Chaudeau 2015)

☐ Former à partir de 40 ans : formation sélective et obligatoire, adaptée aux nouveaux besoins des entreprises.

☐ Accompagner par une aide prioritaire les TPE et PME.

☐ Réformer la formation dont les structures, trop lourdes, plombent le dynamisme et protègent des syndicalistes salariés comme patronaux.

☐ Revoir les structures paritaires dans tous les domaines dont la pratique est stérilisante et vieillotte, source de retard et de conflits.

5.5. Du courage pour l'insertion sociale des « quartiers ».

□ Parrainer des jeunes. Le parrainage de 100% des jeunes des quartiers par d'autres jeunes, en 4 ème ou cinquième année d'études, serait de nature à résoudre bien des complexes des jeunes de banlieue. Il appartient au Ministère de l'Education Nationale et des Universités d'introduire cette fonction "parrainage" dans les programmes des étudiants en master I ou II pour résoudre bien des difficultés.

□ S'exfiltrer de l'apartheid social. L'école républicaine reste la porte de sortie la plus sûre pour s'exfiltrer de "l'apartheid social" propre à Monsieur Manuel Valls, Premier Ministre.

Chapitre 6. Les sujets d'actualités

6.1. Du courage pour booster le tourisme en France

La France est le pays le plus visité au monde, nous pouvons le comprendre. Du coup, **il s'agit pour nous tous**, de valoriser notre capital tourisme :

□ Apprendre et parler en Anglais avec les étrangers.

□ Arborer des T Shirt « Welcome in France.

□ Accueillir les étrangers dans tous les domaines en leur donnant des idées de visite mais aussi de développement professionnel et industriel en France en se rappelant que la France est l'un des pays qui accueille le plus d'entreprises au monde.

□ Privilégier la fonction de guide auprès de tous les étrangers.

□ Etre à la disposition des étrangers qui cherchent leur chemin chez nous.

6.2. Du courage pour aider notre médecine d'exception: valoriser les actes, les personnels et l'organisation.

□ Lancer une réflexion sur la revalorisation des actes, revoir la nomenclature des actes médicaux. Poser les vraies questions sur la fin de vie, le suicide légalement accompagné.

□ Redéfinir l'assistance médicale: la fin du tout gratuit pour les étrangers, ni aide médicale pour les étrangers sans contrepartie financière.

□ Vendre à l'unité :vente de médicaments à l'unité comme en Suisse ou aux Usa.

□ Réviser les honoraires des médecins généralistes à la hausse.

□ Remettre à jour les comptes de la SS (transparence des comptes).

□ Décider que les arrêts de travail devraient être décidés par le médecin de famille validé ensuite par le CPAM car il peut y avoir conflit d'intérêt.

6.3. Du courage pour la nationalité française

□ Contrôler les cartes de séjour : les immigrés sans carte de séjour n'ont aucune raison de rester sur le territoire.

□ Suivre le regroupement familial et **contrôle** des regroupements existants.

□ Limiter le droit d'asile à 6 mois.

□ Faire disparaître la double nationalité.

6.4. Ouverture des magasins le Dimanche: la liberté.

□ Libérer les ouvertures.

□ Donner du travail à ceux qui en cherchent.

□ Répondre en permanence aux besoins des clients.

6.5. Du courage pour lancer les Référendum populaires.

Participer à des initiatives populaires ou initiez vos propres campagnes sur Change.org

6.6. Du courage pour aider les banlieues

□ Que puis –je offrir à ces jeunes de banlieue ?

□ Comment puis-je les aider ?

□ Qui contacter sur place ?

6.7. Du courage pour développer les villes sans pétrole

□ Eviter les dépenses énergétiques dans le transport des marchandises comme le yaourt fabriqué en Espagne et vendu en France.

□ Manger les pommes de nos vergers, partager nos idées, notre musique, notre culture. La ville de Totnes a frappé sa propre monnaie accueillie dans 80 magasins locaux.

□ Développer des jardins familiaux ou les gens se retrouvent.

□ Devenir Locavore : Le Locavorisme ou mouvement Locavore est un mouvement prônant la consommation de nourriture produite dans un rayon allant de 100 à 250 kilomètres maximum autour de son domicile. On nomme Locavore une personne qui adhère au Locavorisme.

Locavore : ne consomme que des produits locaux, produits à une courte distance de son domicile. Visiter nos voisins pour échanger, se prêter des outils, assurer notre sécurité. Toutes les expériences montrent qu'une vie sociale vous entretient et vous fait vivre plus longtemps. Qu'attendions-nous ?

6.8. Du courage pour changer la donne sur les aides

Limiter les APL aux étudiants en réel besoin. Il y avait besoin de justice et d'équilibre. C'est fait. Cela avance c'est ainsi qu'on arrivera à plus de justice ;

S'assurer que les ALS correspondent bien à un besoin

6.9. Du courage pour travailler les jours fériés

☐ Considérer le point de vue de l'entreprise comme une décision commerciale.

☐ Travailler à partir de volontariat et non d'obligation.

6.10. Du courage pour l'athéisme, une religion d'Etat.

☐ Rendre effective l'interdiction du voile qui cache le visage que l'on soit musulman ou chrétien afin de permettre le contrôle du visage.

☐ Maintenir les crèches comme notre héritage judéo Chrétien avec 2000 ans d'histoire derrière nous sur ce sujet.

☐ Interdire les signes distinctifs religieux à l'école sur les personnes et dans les lieux publics.

6.11. Du courage pour l'Europe.

Afin de s'assurer que l'Europe poursuive son développement, il convient :

☐ D'harmoniser les conditions fiscales (84 TVA différentes.... dans 28 Pays) et pas seulement la TVA

☐ De construire un marché de travail unique.

☐ De s'entendre sur un budget fédéral.

☐ **Oser parler d'une « fédération » Européenne. Ce n'est tout de même pas un gros mot.**

☐ Préparer à une intégration minimale, tout en laissant une bonne liberté pour chaque pays.

L'exemple des Etats Unis montre bien que chaque Etat décide selon ses choix.

☐ Montrer l'importance de la France sur les mers. Nous sommes passés à côté des enjeux portuaires. Le domaine maritime Français est le deuxième au monde avec 11 millions de

km carrés, juste derrière les USA (Blanqui 2015)

□ Souligner les efforts de la France sur le plan militaire pour défendre les positions des

Européens.

6.12. Du courage pour la politique étrangère

Irak et Syrie

□ Nous ne pouvons intervenir chez des peuples démocratiques sans leur accord.

□ Nos forces armées ne peuvent réguler le monde

Egypte

La France doit continuer à

□ jouer de l'influence de sa culture,

□ jouer de son intelligence,

□ jouer de sa stratégie pour aider les peuples à se délivrer. Oublions les armes.

Iran

□ identifier les dangers que contient cet accord

□ mesurer les effets du probable non-respect par Téhéran de ses engagements

□ apporter des réponses.

Turquie

Le monde entier doit bien comprendre et savoir que les Kurdes sont un groupe ethnique installé sur plusieurs pays différents et défendant des valeurs universelles propres à nous tous de paix et de religion.

Les femmes Kurdes courageuses savent se battre. La pire crainte pour un islamiste EI serait de se faire tuer par une femme kurde car il ne serait pas admis au paradis. Il manquerait l'arrivée auprès des 72 vierges prévues par le Coran. Par contre, si la femme martyr musulmane est tuée, elle y retrouve un seul homme : son mari.

Moins intéressant pour les femmes que pour les hommes… A vous de choisir ?

Allemagne

Si nous pouvions suivre l'Allemagne dans son esprit d'ordre et d'organisation, nous gagnerions sur tous les tableaux. Ceci étant dit, la France a ses propres objectifs, ses propres résultats et ses propres difficultés. A nous, d'essayer de trouver des approches communes.

Russie

☐ Intervenir militairement dans le Monde quand on ne peut plus faire autrement

Chine

☐ Prendre des garanties lorsque nous travaillons avec les Chinois.

☐ Sécuriser les placements financiers.

☐ Eviter les placements immobiliers en Chine.

6.13. Du courage pour une régulation du commerce mondial

☐ Fermer les marchés en cas de non réciprocité.

☐ Auditer les financements et aides publiques du pays d'origine pour les entreprises vendant

en France.

☐ Utiliser les droits anti-dumping et anti-subventions prévus par l'Europe.

☐ Augmente les taux de pénalisation Européens 5 fois moins importants qu'aux USA.

6.14. Du courage pour une meilleure politique sécuritaire.

☐ Poursuivre l'effort de sécurisation.

☐ Développer une sensibilisation des individus Français.

☐ Utiliser tous les moyens informatiques en négociant avec Apple.

☐ Développer une stratégie d'intimidation des groupes islamistes.

☐ Développer une politique « zéro défaut » dans la démarche contre l'Islamisme radical.

☐ Faire un gros effort pour coordonner les forces de gendarmerie et la police.

☐ Interdire les téléphones portables dans les prisons.

☐ Participation de la pénitentiaire pour le renseignement sur le terrorisme dans les prisons.

☐ Contrôler et infiltrer les réseaux ;

☐ Utiliser la liste de Daesh pour rechercher les personnes dangereuses.

6.15. Du courage pour regarder en face les leçons à tirer du 11 janvier et du 13 Novembre.

Quelques idées seraient à développer:

☐ Valoriser les trajectoires des français d'origines Algériennes, Tunisiennes, Marocaines, Africaines issues des 2 ème ou troisième génération.

☐ S'assurer que dans les "quartiers" le foot et la poterie sont bel et bien terminés. Il convient surtout d'aider et d'accompagner chacun, individuellement, pour qu'il ou elle sache lire, écrire, compter, avoir des connaissances et un bagage minimum de savoir (s).

☐ Rassurer sur le fait que la capitale (Paris) appartient à tous. Ce n'est pas un monde pour les autres.

☐ Sortir du "ce n'est pas pour moi" en montrant que tout est permis, à tous, dans une société libre et solidaire.

☐ Donner du pouvoir aux femmes, c'est envisager une société plus fraternelle. Valoriser l'image de la femme dans la société.

☐ Travailler à l'école sur la mémoire des anciens, la citoyenneté, l'identité, la richesse de la diversité des parcours, des ethnies, des cultures.

☐ Combler ce fossé qui s'est créé entre le "pays réel" des banlieues et le "pays légal".

6.16. Du courage pour faire face à l'immigration

☐ Disposer d'une carte de séjour ou partir. Selon Lemaire, ceux qui n'ont pas de carte de

séjour et restent sur le territoire posent un problème. Vérifier les titres de séjour.

☐ Contrôler le regroupement familial. Pour le regroupement familial, il n'y a aucun contrôle a

posteriori des obligations. Les contrôles sont à développer.

☐ Contrôle des activités des migrants. Personne ne vient vérifier que la personne a un travail.

☐ S'assurer que les immigrants en règle bénéficient des conditions décentes à sa famille

263

(Dupont 2015).

□ Financer les pays qui se dépeuplent pour que les migrants en Europe repartent dans leurs

  pays.

□ Dire et redire que la France est un beau pays. Etre en accord avec notre histoire et la défendre ;

□ Célébrer nos grands hommes.

6.17. Du courage pour parler de laïcité

□ Encourager la garantie de la liberté de conscience. Chacun peut croire   en   son   ou   ses

  Dieu (x).

□ Encourager la garantie du principe de non discrimination.

6.18. Du courage pour choisir entre révolution et démocratie

□ Déclencher des pétitions sur des causes justes sera notre forme nouvelle de la Révolution

  . (Change.org)

□ Respecter la Démocratie comme un acquis de long haleine semble la seule voie possible

  face aux totalitarismes.

La vraie Révolution est digitale. Elle est là, elle nous attend. Le Big Data engloutit toutes les données, pour restituer une voie optimale de gestion.

Voilà la vraie Révolution

□ Révolution par les outils qui fait évoluer notre communication (réseaux sociaux, emails, smartphone, etc.)

□ Révolution par les évaluations sur notre consommation (avis sur internet, recommandations, etc.)

□ Révolution par l'accroissement de notre productivité Lean management, Kanban, etc

□ Révolution par la gestion de notre relation au client par le CRM 'Customer Relationship Management et les réseaux sociaux

6.19. Du courage pour le choix des mots

□ Adapter les politiques aux hommes et non les mots aux organisations qui gèrent des hommes. Il convient de s'adapter à la peine, à leurs difficultés en s'attaquant sans pitié aux profiteurs. Les éléments de langage ne font pas une politique et ne valident pas pour autant les choix stratégiques, fussent-ils pour Pôle Emploi.

□ Faire un gros effort. Nous ne sommes pas dupes des méthodes de Pôle Emploi et le constat est fait (nombre de chômeurs) que cette organisation pourrait faire mieux dans le placement privatisé des bénéficiaires.

6.20. Du courage pour faire la synthèse entre Ecologie et Développement Durable

□ Parler définitivement de Développement Durable et oublier le petit domaine de l'Ecologie

□ Laisser le Développement Durable en dehors de la politique, il n'est ni de droite, ni de gauche. C'est juste la synthèse la plus intelligente d'une approche globale soucieuse des hommes de l'organisation, de l'environnement, de l'économique et du social. Rien à voir avec … l'Ecologie.

6.21. Du courage pour une agriculture compétitive.

□ Il faut s'interdire de vendre ou d'acheter en dessous du prix de revient.

□ Le rééchelonnement de la dette ne fait que reporter les problèmes.

□ Encourager le marché à s'organiser.

□ Développer de nouvelles formes de distribution directe de produits agricoles aux consommateurs.

6.22. Du courage pour reconstruire nos infrastructures

□ Lancer des grands travaux. Ce qui remettra les Français au travail.

□ Disposer d'une vision globale pour élaborer un projet d'équipement et de restauration d'équipement.

Références bibliographiques.

Adler Alexandre (2015), Le Figaro, « L'inquiétant amateurisme de François Hollande », *Le Figaro,* 2 Octobre

Albertini Dominique (2013), « Travail du dimanche, travail de nuit : si vous n'avez rien compris », *Libération*, 3 Octobre.

Allard Laurence, Lacombe Clément (2015), « le grande scandale du logement », *Le Point*, 19 Février, p. 62.

Anmuth Sophie (2015) « L'Egypte voit des complots partout », *Libération*, 13 novembre

Anonyme (2015), « Pole-Emploi: la manipulation par les mots », *CGT Pôle-Emploi Lorraine*

Artus Patrick, Marie-Paule Virard 2015), « *Comment éviter le chaos* », Paris, Fayard, 200 p.

Ayrault Jean-Marc (2013), « Politique familiale: les principales annonces du gouvernement », *Humanite*, 3 Juin.

Barré Nicolas, David Barroux (2016), « Il faut financer l'ensemble des dettes liées à la Défense en créant un fonds Européen », *Les Echos*, 11 Janvier, p.16.

Barroux David « Ce qui est bon pour Renault », *Les Echos,* 9 Novembre

Baudriller (2015), « Une histoire trouble de la Ve République » *Librairie-Sciences Po*

Baverez Nicolas (2015), « Merkel, une chancelière pour l'histoire », *Le Point,* 19 Février, p. 10.

Behar Nissim (2015), « Nucléaire : L'Iran sponsorise toujours la terreur», *Libération*, 19 juillet.

Bellan, Marie (2015), "Travail le dimanche: le regain de fermeté très tactique de l'exécutif, *Les Échos*, 6 janvier..

Bellanger Pierre (2015),, « Le Big Bang numérique » , *Le Point*, 19 Février, p.118

BFM business (2015), « 69% des Français heureux au travail (sondage) », Opinion Way, *Le Figaro,* 23 octobre

Birnbaum Jean (2016), « La foi, personne n'y croit », *Le Monde*, 24-25 Janvier, p.17 ;

Biseau Grégoire, Cécile Daumas (2015) Emmanuel Todd : «Le 11 janvier est un tour de passe-passe», *Libération,* 3 Mai.

Biseau Grégoire, Sonya Faure (2015), « Laïcité, schisme à gauche », *Libération,* 11 Juin

Blanqui Jean-Michel (2015) « Montrer l'importance de la France sur les mers. Nous sommes passés à côté des enjeux », Le Point, 31 Décembre.

Boccara Paul, Gérard Filoche, Pascal Lokiec, Olivier Passet (2014), « La loi Macron va-t-elle accélérer la libéralisation du droit du travail ? », *L'Humanité*,18 Décembre.

Boucaud Kevin (2014), « L'Europe proche de la spirale déflationniste », *L'Humanité,*
13 Août.

Bourmaud François-Xavier (2015) « Même à gauche, certains plaident pour une remise à plat du Code du travail », *Voxnr,* 1 Octobre

Bruyère Mireille, Anne Eydoux, Anne Fretel, Sabina Issehnane (2015), « Réformer le droit du travail, ou comment précariser l'emploi sans lutter contre le chômage », *Libération*, 07 Septembre.

Buffet, Michel Godet, Liêm Hoang Ngoc, Frédéric Boccara (2015), « Ce qui nous attend et ce que nous voulons pour l'année 2015 », *L'Humanité,* 5 Janvier

Cailhol Amandine (2015) « Philippe Martinez : L'égalité des salariés devant la loi est en péril», *Libération*, 15 septembre.

Cette Gilbert, Jacques Barthélémy (2015), « *Réformer le droit du travail* », Odile Jacob

Chantal Delsol (2015) : "C'est parce que les partis de droite n'ont pas défendu », *Atlantico*, 8 Février

Chaudeau Céline (2015), "L'économie verte à la recherche de profils techniques", *Parisien Économie*, 26 Janvier.

Chemin Jean-François (2015), "En banlieue, rien de nouveau", *Le Figaro*, 23 janvier.

Chemin Thomas (2015), « Retraite. Le compte est bon? » *Libération*, 28 octobre

Cheyvialle Anne, (2016) « En Italie, Renzi le réformateur a inversé la courbe du chômage », *Le Figaro,* 1 er Février, p.20.

Cialdella Michel (2015), « Ils ont signé un nouveau recul pour les salariés ! », *FSC (Front Syndical de Classe)* 21 octobre.

Clérin Cédric (2015), « Laïcité, ce miracle qui nous fait vivre ensemble » , *L'Humanité Dimanche,* 1 Février.

Crouzel Cécile, Landré Marc Croyez-moi Cécile, Landré Marc, "Seuils: après l'échec de la négociation, le grand flou", *le Figaro*, 25 janvier, "

Damon Julien (2015), « De la Fiscalité, faisons table rase », *Les Echos*, 4 Décembre,

Daniel Jean-Marc (2016), « Sauver l'agriculture française », *Le Monde*, 24 Février, p.7.

Dassault Serge(2015), "Les vœux de Serge Dassault" *Le Figaro* 3-4 janvier.

De Calignon (2016), « L'incapacité du secteur privé à créer des emplois est problématique », *Les Echos,* 16 janvier

De Capele (2015), « Inqualifiable ! », *Le Figaro,* 5 Octobre 2015

De Filippis Vittorio (2015) « Croissance : la France dans la bonne veine », *Libération,* 16 avril

De Kerdrel (2015), « Comment faire réélire François Hollande », *Valeurs actuelles,* 12 Février,

De Kerdrel Yves (2013) « Les fonctionnaires contre la France », *Valeurs Actuelles,* 7 Février

De Koch Basile (2014), "Le Droopy de la République", *Valeurs Actuelles*, 20 Novembre.

De Labarre Gilles (2015), "Pour en finir avec la stigmatisation des chômeurs", *Les Échos* 3 janvier

De Linares Jacqueline (2009), « Les français redoutent la dégringolade passe 50 ans » Retraite Séniors dehors, *Overblog* de Mattis Léon (2015) « Mort à la démocratie - *Paris-luttes.info Maj* le 14 décembre.

De Mattis Léon (2015) « Mort à la Démocratie » Blog leondemattis

De Meritens Patrice (2014), « Du sectarisme de la gauche » 26 août *Je suis stupide, j'ai voté Hollande*

De Tricornot Adrien (2016), « Bonne insertion sur le marché de l'emploi », *Le Monde,* 16 Décembre.

De Monterno (2015), « *Faire du bien-vieillir un projet de société* » - Institut Montaigne

Deborde Juliette (2014), « Allocations familiales : Bernard Accoyer gonfle le manque à gagner », *Libération, 3 Novembre*

Deborde Juliette (2015), « Allocations familiales : Bernard Accoyer gonfle le manque à gagner », *Libération,* 3 novembre.

Delhommais Pierre-Antoine (2015), « Sarkozy Le vrai faux libéral », 17 Octobre, *Le Point*

Delsol Chantal (2015), La France mûre pour un régime autoritaire, Le Figaro Société, 12 Novembre

Deluzet Marcet, Bruce Devernois, François Silva (2015) « Pour relancer l'activité et l'emploi: repensons fondamentalement les relations du travail », 1 er Septembre, *Institut Montaigne*

Dion Cyril, Mélanie Laurent, "*Demain"* Fonds de dotation Akuo Energy, OCS, France Television +le financement de 10266 Kissbankers

D'Orcival (2015), UMP, le « suicide républicain », *Valeurs actuelles,* 4 Février

Doyle Dominique, Tricarico Antonio, Wawrety Robert (2015) « Mettons vraiment fin aux subventions publiques aux énergies fossiles », *Libération,* 27 Avril.

Ducatteau Sylvie (2015), « Les missions de l'école entravées par l'austérité » *L'Humanité*, 3 Février.

Duhamel Alain (2016) « *La stratégie du livre politique* », Plon

Duplan Charlie (2015), « Au Kurdistan attaqué : montrer au monde la brutalité turque» *Libération*, 4 août.

Dupont Stephane, Étienne Lefebvre, Fréderic Schefferville Fréderic (2015),"2015 doit être l'année du rebond", *Les Echos* 7 janvier.

Duportail Judith (2015),"A la Duchère, on n'est pas la même France que vous", *Le Figaro,* 27 Janvier.

Dupré Denis (2016), « Comment 97% des députés ont fait capoter la loi pour lutter contre l'évasion fiscale », *Le Huffington Post,* 16 Mars

Durupt Frantz , Gurvan Kristanadjaja, Julien Jégo (2015), « En attendant la réforme, les aides à la presse varient peu », *Libération,* 12 Juin

Ecolinks (2015), « Le temps de travail continuera à baisser », *Libération,* 14 septembre

Eliakim Philippe (2015),, « L'équivalent de 3 point de PIB partent chaque année à cause des normes absurdes que la France s'impose à elle-même », *Capital,* Fevrier, p. 56-69.

Eric Favereau (2015), « A l'hôpital, arrivez avec votre ordonnance ! », *Libération,* 28 décembre.

Estrosi Christian (2015),, « Moi Président », Paris Match, 25 Février, p.23.

Evrard Jean-Sebastien (2015), « Handicap : le report de l'accessibilité aux lieux publics définitivement acté » *AFP*, 21 juillet.

Fabien Piliu (2012) « Vingt mesures pour lutter contre les effets pervers de la mondialisation », *Libération,* 29 Mars.

Faure Sonya Anastasia Vécrin Anastatsia (2015) « Sophie Wahnich : «La Révolution n'est pas un mythe, c'est une histoire vécue », *Libération*, 22 octobre.

Faure Sonya et Amandine Cailhol (2015), « Mentir, c'est du boulot », 23 septembre, *Libération.*

Favereau Eric (2015) « Pourquoi le président de la Haute Autorité de santé a démissionné », *Libération*, 22 Septembre

Feher Michel, (2015) « D'un exit l'autre: Wolfgang Schäuble et la libération de l'Allemagne » *Mediapart* 25 juil. 2015

Ferry Carole et Gabriel Vedrenne « « Baisse des subventions : les associations en danger ? » *Europe 1,* 20 Novembre.

Feuerstein Ingrid (2015), « L'Etat actionnaire voit ses dividendes diminuer », *Les Echos,* 9 Novembre

Ficek, Isabelle; Solweig Godeluck (2015),, "en pleine grève des médecins Sarkozy se veut une oreille attentive" les Échos, 7 janvier.

France Pierre (2012), « Des écoles luttent contre la privatisation de leur nettoyage », *Rue 89 Strasbourg*, 22 Mars.

Gaillard Norbert (2015), "Les 3 conditions du rebond français" *Les Echos,* 7 janvier.

Gambier Gilles (2015), « Le Charlisme, nouvelle religion d'Etat », *L'Echo Austral* n° 295, Mars, p.64.

Garat Jean-Baptiste (2015) « Face aux entrepreneurs, Sarkozy fait la promotion de son projet » *Le Figaro,* 1er Octobre

Garello Jacques (2015), « Les allemands ont raison : vive l'austérité », *Le Figaro*, 22 Février

Gélie Philippe (2016) « Chef d'œuvre en péril », *Le Figaro* 18 Janvier

Giesbert Franz Olivier (2014) « Le temps du communisme mou » *Le Point,* 10 Octobre

Giraud Jean-Baptiste (2016), « Enterrement discret pour la garantie des loyers », *Le Journal de l'Economie*, 10 Janvier.

Godfrid Élisabeth (2015), « Croissance et profit solidaire ? De quelle « valeur » parle-t-on ? Et comment retrouver le « sens de l'intérêt général » ?, *L'Humanité,* 13 Février

Godin Romaric (2015) « Allemagne : pourquoi Angela Merkel est-elle si généreuse envers les réfugiés ? », *Libération,* 7 Septembre

Guarascio Dario (2015), « Le "Jobs Act", dernière étape vers le démantèlement du droit du travail italien », *Libération*, 13 Novembre.

Guichard Guillaume (2016), « En trente ans, le poids des dépenses sociales a fortement augmenté », *Le Figaro*, 11 Février, p.22.

Guichard Guillaume (2016), « Les médecins boycottent la conférence de Valls », *Le Figaro*, 11 Février

Guigne, Martin (2015), « Castries: Axa affiche les résultats les plus élevés de son histoire», *Le Figaro,* 25 Février

Hivert Anne-Françoise (2016), « La Suède coupe le pont avec les demandeurs d'asile », *Libération,* 4 janvier

Huet Sophie, « Nous allons proposer un vrai projet pour la croissance », *Le Figaro*, 22 Février

Inschauspé Irène (2016) « La laïcité n'est pas une théorie, n'a pas de contenu, n'emporte pas de militantisme », *L'Opinion*, 1 er Février

Jacquot, De la Chesnais (2008), «Le tourisme doit rapporter davantage à la France», *Le Figaro,* 30 Janvier

Joffrin Laurent (2015) « Un vrai remède de cheval » *Libération*, 23 janvier

Joffrin Laurent (2015), « Et si Merkel était de gauche ? », *Libération,* 1 er Novembre

Joffrin Laurent (2015), « La guerre économique », *Libération,* 23 janvier

Joffrin Laurent (2016), « La réforme, changement bénéfique », *Libération,* 19 Mai

Jourdan Philippe, Pacitte Jean Claude (2015), « les réformes bloquées par un Etat clientéliste », *Les Echos*, 2 et 3 Janvier, p. 8.

Julliard Jacques (2016), «Les paysans, la course au centre et le pouvoir au peuple », *Le Figaro*, 7 Mars.

Lachèvre Cyrille (2016), « Les cinq graphiques clefs sur l'emploi industriel français », *L'Opinion*, 2 Février

Lachèvre Cyrille (2016), « Vieillissantes et mal entretenues : l'inquiétant affaiblissement des infrastructures françaises », *L'Opinion*, 24 Février

Landré Marc (2015), "La France paie toujours la facture", *Le Figaro*, 30 Janvier.

Landré Marc (2016), « Un dispositif pour faire baisser artificiellement le chômage », *Le Figaro*, 18 Janvier

Langlois Véronique, Xavier Charpentier (2015), « Jusqu'ou ira la colère des classes moyennes contre les politiques ? », *Le Figaro*

Lattis (2015), "*Mort à la Démocratie*" École des hautes études sociales

Lavorel Arnaud (2016), « La prime d'activité, un premier pas pour contourner les défauts du RSA d'activité », *L'Opinion,* 4 Février

Le Boucher, Éric (2015), "modérés, levez-vous" *Les Échos*, 9 -10 janvier.

Le Hyaric Patrick (2015),"État de surveillance contre État de droit ? » *Humanité* Dimanche, 14 Mai.

Le Puil (2015), « La France de 2022 imaginée par Jean Pisani-Ferry », *L'Humanité,* 6 Mai

Le Puil Gérard (2015) « La France de 2022 imaginée par Jean Pisani-Ferry », *L'Humanité*, 6 Mai.

Lecaussin Nicolas (2015), « 15% un taux unique d'imposition sur le revenu », *Le Figaro Magazine*, 10 Avril

Lefebvre Etienne (2015), « Emploi, sortir des effets d'annonce », *Les Echos*, 15 Décembre

Lenglet Francois (2014), "Sept réformes qu'ils pourraient tous soutenir" *Le Point*, 13 Novembre

Lepage Corinne (2014), "Pour innover, renforcer le principe de précaution", *L'Expansion*, Déc 2014.

Lepage Corinne(2015), « Nouvelle séquence pour les OGM », *Huffington Post,* 23 Mai,

Libération AFP (2014), « Budget : le dérapage français pourrait durer », *Libération* AFP, 4 Novembre

Loddo Nadia (2008), « *La fin de l'ère du pétrole se prépare en Angleterre* », MNE Bordeaux

Lombard-Latune Marie-Amélie (2015), « Gilles Kepel : l'objectif de l'Etat Islamique ? Déclencher une guerre civile en France », *Le Figaro*, 14 Décembre

Lorenzi Jean-Hervé, Alain Villemeur et Hélène Xuan (2016) « Pourquoi il faut réformer le contrat de travail en même temps que le marché du logement », *L'Opinion*, 22-23 Janvier, p.8.

Luchini Fabrice (2015), « Un peu de poésie, à l'heure de l'écrasante puissance de la bêtise », *Le Figaro,* 24 Juillet

Mabille Philippe, Rosselin Jacques (2011) « G20 : "La démondialisation est un mot intraduisible en anglais ou en chinois", *La Tribune,* 2 Novembre.

Mailly Jean-Claude (2015) « Fonctionnaires. Et si les ministres étaient aussi rémunérés "au mérite", *Humanité*, 10 Novembre.

Marc Deluzet, Bruce Dévernois, François Silva (2015), « Pour relancer l'activité et l'emploi, repensons fondamentalement les relations du travail » *Note n° 280 - Fondation Jean-Jaurès*

Marchon Hervé, Dominique Albertini (2013), « Impôts 2013 : six avis fiscaux », *Libération*, 23 Septembre.

Marie Sophie Ramspacher (2015) « Esprit Manager », *Les Echos,* 9 Novembre

Martine Pauline (2012), « Régularisations : comment le cas par cas est devenu la norme », *Libération,* 29 juin.

Martinet Bertrand (2014), " Le contrôle de la recherche d'emploi, un enjeu majeur", *L'Expansion*, Décembre.

Mathieu Clotilde, Laurence Mauriaucourt (2014), « L'État joue au Loto avec le bien public », *L'Humanité* », 3 Octobre.

Maujean Guillaume, Vidal Francois(2014),"La France s'est désynchronisée par rapport au reste du monde" *Les Échos,* 5 janvier.

Mckinsey (2014), « Dynamiser le marché du travail en France pour créer massivement, Mai

Mélenchon Jean-Luc (2015), « Le Hareng de Bismarck (Le Poison allemand) »Paris, Edit. Plon

Mélenchon Jean-Luc (2015), « On n'est pas couché » Le 9 Mai, *France 2*

METI (2015) Mouvement des entreprises de taille intermédiaire METI, « Compétitivité : une légère amélioration mais une marge de progression encore importante », *METI,* 18 Fevrier.

Miquet-Marty François (2013), *Les nouvelles passions françaises : refonder la société et sortir de la crise,* Michalon éd..

Miquet-Marty François (2016), « Défiance, dérision, violence : les symptômes d'une France en dépression collective », *Atlantico,* 14 Janvier.

Monassier (2014) « La fin de la crise du logement est-elle envisageable ? », *Les Echos,* », 26 Mai

Node-Langlois et Visot (2011) " Nouveau monde, nouveau capitalisme", *Le Figaro,* 6 janvier

Nodé-Langlois Fabrice (2016), « Faut il s'inquiéter du ralentissement de la Chine », *Le Figaro,* 19 Janvier

Obadia Alain (2015), « Révolutionner le mode de développement ?», *L'Humanité,* 3 Février

Palierse Christophe (2015), « La France reste la première destination touristique internationale », *Les Echos,* 8 Avril

Parrino Beatrice (2015), « Retraites, le compte à rebours », *Le Point,* 19 Février, p. 79

Paya Frédéric (2014), "Libéralisme dominical contre syndicalisme", *Valeurs Actuelles*, 20 Novembre.

Peillon , BIG (2015) « La France a réduit ses inégalités », *Libération*, 22 Septembre.

Peillon Luc, Amandine Cailhol (2015) « Dialogue social: un projet de loi à minima », *Libération,* 7 avril

Pérez Alain (2008), « La R&D, moteur de développement des régions », *Les Echos,* 16 Janvier

Perrin Jean-Pierre (2015), «Syrie : le virage de Laurent Fabius », *Libération*, 27 novembre

Perrottte Derek, (2016), « La commission Badinter jette les bases du futur Code du Travail », *Les Echos,* 25 Janvier

Perrottte Derek, (2016), « Il faut simplifier ce qui est un travail d'orfèvre pas tout remettre en cause » *Les Echos*, 25 Janvier

Perrottte Derek, (2016), « Il faut viser l'inversion de la hiérarchie des normes pour privilégier l'entreprise », *Les Echos,* 25 Janvier

Picut Gaëlle (2014), « Le coût du mensonge », Le Monde, 14 Décembre

Pierre Saly, Pierre Saly, (2014), « Islamophobie, religion et athéisme », *L'Humanité,* 10 Mars

Pietri Xavier (2016) « Ce ne sont pas chomeurs qui coutent le plus cher dans le budget » *TF1* 22 Février

Piliu Fabien (2016), « La France un ton en dessous de la moyenne Européenne», La Tribune, 3 Février

Piquemal Marie (2015), « Un collège sur deux a des classes de niveau », *Libération* , 28 mai.

Piquemal Marie (2015) « La France attire toujours les étudiants étrangers » Libération, 20 Novembre.

Pluyette Cyrille (2015), "Un coût budgétaire d'environ 12 Milliards par an", *Le Figaro*, 30 Janvier.

Pluyette Cyrille (2016), « La Cour des Comptes alerte sur la hausse de la dette publique », *Le Figaro*, 11 Février

Polony Natacha (2015), « Les plaies de la France résignée » *Le Figaro*, 22 Février, p. 15

Postel-Vinay Olivier (2015), La «question kurde» à l'heure de Daech », *Libération*, 8 Décembre

Pujadas (2015), « Les entreprises étrangères qui investissent en France » Journal Télévisé *Le 20h de France 2*, 27 mai,

Quatremer Jean (2015), « Budget 2015: l'Allemagne ne fait plus crédit à la France » *Libération*, 16 février

Rambaud Gerbert (2014), "Le code du travail est un bouc émissaire", *Valeurs Actuelles*, 20 Novembre.

Raoult Paul (2014) « L'école de la République a-t-elle les moyens de lutter contre les inégalités ? », *L'Humanité,* 2 Septembre.

Raulin Nathalie (2015) « Christophe Nijdam «Si les taux remontent, il va y avoir du ketchup sur les murs des salles de marché !», *Libération,* 24 juin

Rauline Nicolas (2016), « Des développeurs contre le terrorisme » *Les Echos*, 26 Janvier

Reuters (2010) « Le prix de l'eau augmente plus vite que l'inflation » *Reuters* 29 décembre

Révol Michel (2016), « Quand la facture des chantiers publics explose », Le Point, 21 Avril

Rioufol Ivan (2015), « Fin de règne de Hollande », *Le Figaro,* 6 Novembre

Robin Jean-Pierre (2014), « Pourquoi la France et l'Allemagne s'opposent sur le niveau de l'Euro », *Le Figaro*, 29 Juillet

Roquette Guillaume (2015), "Oser la vérité", *Le Figaro Magazine*, 23 janvier.

Rosanvallon Pierre (2015), « Le Bon Gouvernement», Le seuil Ed.

Roucous Daniel (2015), « Pénibilité au travail, nouveau dispositif », *L'Humanité,* 28 Août

Roucous Daniel (2015), « Travail le Dimanche : Le travail le dimanche et l'intérêt du salarié », *L'Humanite*, 19 Août.

Saint-Paul Gilles, Philippe Crevel, Roland Hureaux (2015), « 35 heures, 15 ans déjà : la France 2015 face au bilan des années Jospin », *Libération,* 1er Février

Sancerre Olivier (2016), « Maîtriser la dépense publique : le mot d'ordre de la Cour des comptes », *Libération,* 12 Janvier.

Schaeffer Frédéric (2014), « L'Etat veut fixer des objectifs de dépenses pour les collectivités locales », *Les Echos*, 23 Septembre.

Semo Marc (2015), « Mai 1945: Vladimir Poutine isolé pour commémorer le sacrifice », *Libération,* 8 mai.

Sihr Sébastien (2015) "On ne change pas l'école sans ceux qui la font vivre", *L'Humanité,* Mardi, 2 Septembre.

Sihr Sébastien (2015), "On ne change pas l'école sans ceux qui la font vivre" *L'Humanité,* Mardi, 2 Septembre.

Sire Alexis, Katia Weidenfeld (2016), « Plus d'indignation que de sanctions dans la lutte contre la fraude fiscale », *Le Monde,* 24 Février

Soulé Véronique (2013), « Elites françaises : Cinq façons de changer de têtes » *Libération* » 25 octobre

Tabet Marie-Christine (2016), « La laïcité doit être intelligente », *Journal du Dimanche*, 17 Janvier

Taly Michel (2016), « Contrôle fiscal : sur le chemin de Damas », *L'Opinion*, 24 Février

Tapie Pierre (2011),"Triplons notre capacité d'accueil d'étudiants étrangers », *Le Monde,* 28 Fevrier

Touati Marc(2015), « La chute de l'Euro ne fait que commencer », *L'Express Dimanche (Ile Maurice),* 1er Mars

Vaudano Maxime, Pouchard Alexandre (2015) « Comment les taxes d'habitation et taxes foncières ont augmenté depuis dix ans », *Le Monde*, 22 Mai

Vincendon Sibylle (2014) « Recul des dotations aux collectivités locales : les tremblements de maires », *Libération*, 8 octobre

Vincendon Sibylle (2015) « Idées neuves pour baisser les coûts du neuf », *Libération*, 6 avril.

Visot Marie (2016), « Didier Migaud, l'ancien socialiste devenu la bête noire de la gauche au pouvoir », *Le Figaro*, 11 Février

Visot Marie (2016), « Le gouvernement peine à concrétiser son choc de simplification », *Le Figaro,* 4 Février

Waintraub Judith (2016), « Pierre Lellouche : On enfume toute la France », *Le Figaro,* 2 Février

Weeks John (2014), « Le Royaume-Uni est-il vraiment en phase de redressement? » *Libération*, Economistes Atterrés, 23 Juillet

Wurtz Francis (2015), « Le nationalisme, poison mortel pour la démocratie » *Humanité Dimanche*, 18 Décembre

Zemmour Eric (2015), « Ou est donc la vraie solidarité Européenne », *RTL,* 19 Novembre,

Notes